中式服装制作技艺
——红帮裁缝技艺
的历史传承

陈万丰 著

ZHEJIANG UNIVERSITY PRESS
浙江大学出版社
·杭州·

图书在版编目（CIP）数据

中式服装制作技艺：红帮裁缝技艺的历史传承 /
陈万丰著. —杭州：浙江大学出版社，2023.8
　ISBN 978-7-308-23736-9

　Ⅰ．①中… Ⅱ．①陈… Ⅲ．①服装工业－工业史
－宁波 Ⅳ．①F426.86

中国国家版本馆CIP数据核字(2023)第076571号

中式服装制作技艺——红帮裁缝技艺的历史传承
ZHONGSHI FUZHUANG ZHIZUO JIYI—
HONGBANG CAIFENG JIYI DE LISHI CHUANCHENG

陈万丰　著

责任编辑	范洪法　樊晓燕
责任校对	王　波
封面设计	雷建军
出版发行	浙江大学出版社
	（杭州市天目山路148号　　邮政编码　310007）
	（网址：http://www.zjupress.com）
排　　版	杭州林智广告有限公司
印　　刷	杭州高腾印务有限公司
开　　本	710mm×1000mm　1/16
印　　张	11.25
字　　数	149千
版 印 次	2023年8月第1版　2023年8月第1次印刷
书　　号	ISBN 978-7-308-23736-9
定　　价	49.00元

序

　　从奉化县、奉化市到奉化区，奉化一直是宁波市辖区内的一个令人瞩目的地块，在海内外颇有名望。而从红帮裁缝的创业史来看，奉化也是一个重要的区域。纵观跨越三个世纪的奉化江两岸的红帮裁缝，它起步早、名声响、技艺精、辐射远、觉悟高，备受世人赞誉。

　　起步早，是指19世纪中下叶，在天灾人祸、贫病交加的逼迫下，今江口街道王溆浦村的王睿谟和方桥街道前江村的江良通，步前人之路，先后远渡日本，习洋服工艺。回国后，他们审时度势，分别在上海开设王荣泰、和昌号洋服店，领宁波同乡在上海甚至全国创业之先。在他们榜样力量的引领下，奉化江两岸出门做裁缝、开商号者众，一发而不可收。大家理性思考，沉着应对，从奉化江逆流至三江口，由甬抵沪，再从沪扩散，奔向东北哈尔滨、山东半岛渤海湾，以及沪宁线上、武汉三镇，远行至川、滇、鄂、赣及港澳台和东南亚甚至欧美。

　　名声响，是指"红帮裁缝"之名在上海滩叫响，即自清代末叶到民国初在上海、宁波、汉口、杭州等地为社会公众认可。如此，其作为一个专有名词，闪亮地出现在沪甬等通商口岸，大长国人志气。在红帮裁缝成名的同时，经过个体、群体的精心打造，在他们足迹所至的城市，出现了一家家令人青睐的名店，如上海南京路上的南六户，南京中山路上的李顺昌，苏州的天赐庄、李增记，哈尔滨中央大街周边的亨利、信泰、兴记、华泰，杭州直大方伯的张顺兴，汉口中山大道的胜家，北京东单长安街的发昌祥、徐顺昌、应元泰，天津法租界的李同益、王阿明、复兴祥、张兴茂，青岛胶州路上的董兴昌、方景祥，烟台的正昌号，重庆的王荣康，宁波的永和等。

技艺精。红帮裁缝一代接一代传承，一群又一群崛起。他们以卓越的天赋，长年累月不懈奋斗，精益求精，多有建树：一是服装从度身定制到目测量体；二是兼收并蓄西服的英美派、罗宋派、犹太派、日本派，多元交融。他们精心打造的海派西服，成为当今具有重要研究价值的物质和非物质文化遗产，受到政府保护、弘扬，也作为国人在服装领域的一种文化自信，既引导中国近现代服装业与世界接轨，又经中国优秀的传统文化滋润，成为经典，而且回馈故乡，添智助力，促使宁波的服装业不断攀新高。

辐射远。红帮裁缝自20世纪初从上海等城市起步并发展，他们相互抒胸臆、展情怀、进诤言、献良策，似星火燎原，攻坚克难，勇往直前。他们通过老师傅、老主顾、老客人，扩大朋友圈，提升市场占有率。北国东三省的风流跨越、京津城中的亮丽呈现、沪宁线上的引领拥戴、武汉三镇的盛名享誉、大西北的纵情放歌、亚欧大陆的开拓延伸、改革开放后三江口的余热奉献，诸般事迹，熠熠生辉。

觉悟高。红帮裁缝历来爱国爱乡，忧民报国。诸如由商会、公会出面，理直气壮地资助北伐、拥抱共和，声援五四、"五卅"。他们坚持实业救国、科教兴国的信仰。他们又情系故土，慷慨济贫助困。这些都闪耀着红帮裁缝的人格魅力。

在筚路蓝缕、前赴后继之中，红帮裁缝的名店、名师、名牌不断涌现。他们在多元服装文化交汇中，打造高成色的品牌，孕育高起点的商号，力挺高技巧的名师，始终视品牌为生命，终身持续发力，用平凡铸就非凡。他们在老本行中生生不息，经受住波折和挑战，始终位列行业排头兵。

在我国实施"十四五"规划，开启全面建设社会主义现代化国家的新征程中，传承中华文明，用传统指引未来，综合利用红帮文化，已成为奉化区的共识和行动。追根溯源，让我们在宁波这个红帮裁缝的发祥地，以一颗感恩的心，祈愿国家繁荣昌盛！

胡玉珍

2022 年 9 月

前　言

　　自 1997 年筹建宁波服装博物馆（简称服装馆）以来，因工作需要和个人志趣，我对宁波红帮裁缝已持续调研二十多年了。这几乎占据了我在文化系统工作的近三分之一时间。宁波服装博物馆的主体陈列内容以红帮裁缝创业史为支撑。使命在心，我责无旁贷。在这期间，我一直追踪源于奉化江两岸的红帮裁缝的印迹，在惊艳中也倾注了自己的热情和心血。

　　记得 1998 年春，我们到王溆浦村调研，好客的王培良书记、王永华厂长等，陪同我们读宗谱、找遗迹、听介绍，还捐了实物。我们还到上海走访了红帮裁缝名师及其家人，获得了不少承载着岁月印痕的口述和实物资料，并梳理了红帮裁缝的发展脉络及其对社会的贡献。这以后，从上海扩展到长城内外、大河上下，我们找到了许多奉化籍的红帮裁缝老人，也得到了不少印证他们创业史的老物件，促使了 2000 年 10 月服装馆月湖新馆的开放。我在宁波服装博物馆工作的十年，是全身心探寻红帮裁缝的十年，也是在原宁波服装学院帮助下初获研究成果的十年、畅快淋漓的十年。

　　离开服装馆后，我受命筹建鄞州区博物馆协会，工作之余，我还是一直关注着红帮裁缝历史的研究。我曾自费去英国，考察在世界上的西装起源地留存的百年老店，并与我国西服东渐相联系，获益匪浅。在从2013 年起筹建农村文化礼堂的八年中，我趁调研指导工作之余，在奉化、鄞州、镇海、北仑、海曙等县（市、区）继续留意红帮裁缝的历史踪迹，尤其是与定居日本的培罗蒙经理戴祖贻先生频繁交往，请他指点迷津，获得了许多宝贵的口头和图像资料，也由此不断深化对红帮裁缝技艺的认识，直观地感受到他们的天赋和付出的不懈努力。

2020 年以来，随着王溆浦村王才运故居的修缮和红帮裁缝陈列馆的筹建，我更是满腔热情地投入对宁波红帮裁缝历史的研究。我重新翻阅工作笔记和上海档案馆等外地友人寄来的史料，以及自己打听收集来的红帮传承信息，留心宁波、上海四家民营服装店的红帮裁缝技艺，在旧货市场采购相关老物件，又进一步对杨鹏云、李来义等家属进行调研，总之从方方面面围绕红帮裁缝历史而展开研究，很是下了一些功夫。这些都为我编写这本拙作积累了不少一手资料。

从 2005 年到 2020 年红帮裁缝技艺申报省级和国家级"非遗"名录，一步一个脚印，一个台阶胜过一个台阶。不论是主持工作还是作为协助角色，或参与评审，我倾情加盟，且与时俱进，又积累了不少知识。回望这个古今交汇的历史空间，我是那么的不离不弃、兴致勃勃。

我是鄞州人，在鄞州工作近 60 个年头，对一江之隔的奉化的历史与文化了解不深，因此，本书的文字表述及图片形象一定有不少疏漏和不尽完善之处。恳切希望读者批评指正，并请红帮研究的专家学者不吝赐教。

陈万丰

2021 年 2 月

目 录

申城西服业的摇篮

——王溆浦村

旧时奉川以北，距县城大桥 20 里的江口镇，有个王溆浦村。村子背倚甬山寿峰，面临郏溪碧流，阡陌纵横，绿禾平铺，花飞燕舞。整个村子南、西、北三面溆水环绕，以祠堂弄为界，分东岸、西岸两个唇齿相依的自然村。全村有 500 余户，多是王姓，聚居数百余年，务农几十代。别看村小地寡，百余年来，王溆浦村在上海西服业的形成和发展中，起了十分重要的作用，可谓申城西服业的摇篮。

王溆浦村文化礼堂

19 世纪中叶，王淑浦的第十五代孙王昌乾开始在沪从事工业。清代同治四年（1858 年），昌乾公的儿子、裁缝王睿谟，继承父业外出做工。清代光绪十年（1884 年），即日本明治维新 17 年后，王睿谟东渡日本，学习西服裁剪缝纫。他于 1900 年返回上海，带着儿子王才运（1879 年出生），在浙江路天津路的忆鑫里附近开了一家王荣泰洋服店。父子俩相依为命，苦心经营。1910 年，得祖上远亲慈溪人潘瑞璋的资助，王才运与同乡王汝功、张理标三人合股在南京路西藏路口（后为上海第一百货公司所在地），开设了荣昌祥呢绒西服号。荣昌祥包括店堂、工场、宿舍在内，有十开间门面，共三层，拥有训练有素的百余个员工。时值上海开埠以后，摩登打扮风靡沪上，租界的洋人和买办、医生、律师、留学生、洋行职员、富家子弟等，个个西装革履。王才运借天时地利，凭天赋，精心谋划，精准发力，定制西服、兼售呢绒等应时西服面料。1916 年，三人拆股，志存高远的王才运以 10 万银圆之巨独资经营，宏图再展。1918 年，荣昌祥成为上海全市 108 家西服店的"领头羊"。这以后，荣昌祥以高档的原料、充足的货源和精巧的技艺、周全的服务，开启了"西装 +"的多元发展业态，在市民的追捧中，节节攀升，以美誉度赢得了市场份额，积累了"第一桶金"，成为当时上海商界最完备、最有名、最可靠的服装专业商店。1917 年，王才运又开设了中华皮鞋股份有限公司。自然而然，王才运成了上海商界的头面人物，并被推举为南京路商界联合会会长和上海各路商界联合会副会长。

财源滚滚、腰缠万贯的王才运，秉承孝友睦姻、守望相助的传统文化，十分关心同乡，热情援助自立门户各得其所的 20 多个奉化人。这些人大多在南京路、静安寺路开设西服店，与荣昌祥遥相呼应，公平竞争。王才运不断为这些小老板们牵线搭桥、辅导技术、调剂资金。当时凭王才运的名片，可以借银两、赊呢绒。因此，20 世纪 30 年代，王淑浦村的人在上海滩陆续开办了 30 多家较有规模的西服店。这些店铺几年后又相继择地开设分号，老板们也成了新上海人中的巨贾大户。店铺数滚雪球似的呈几何级数增长，对宁波红帮裁缝队伍的不断壮大和整体素质的提高，起了显著的作用。这些来自王溆浦村的老板，在同行中有独立地位、营业信用、专业水准。

20 世纪三四十年代的南京中华路，奉化红帮在这里开店设铺

1937 年上海南京路上的红帮名店王顺泰、裕昌祥（左）
上海王顺泰呢绒西服号经理王辅庆先生（右）

王才兴、王和兴兄弟和王国忠开设王兴昌呢绒西服号于南京路 807 号；王来富开设王荣康呢绒西服号于南京路 815 号；王辅庆开设王顺泰呢绒西服号于南京路 791 号；王廉方开设裕昌祥呢绒西服号于南京路 781 号；王士楚、王

士棋兄弟俩开设荣康西服店在南京路 507 号；王士东、周永昇合资开设汇利呢绒西服号于南京路 775 号；王正甫、王介甫兄弟开设洽昌祥西服号于广西北路 346 号；王继陶开设汇丰西服号于静安寺路 429 号；孙永良开设顺泰祥西服号于贵州路；王增表开设开林西服号于南京路 957 号；王丰莱开设王荣康西服号于重庆路；王和生开设伟勃西服号于南京西路 497 号；王五芳在上海开设大方西服店。仅王氏"汝"字辈的当年在上海经营西装业的有：王汝功（荣昌祥股东）；王汝志（荣昌祥出身，后任王顺泰经理）；王汝定（荣昌祥出身，从慎昌号到人立服装店经理）；王汝璿（当年由荣昌祥保送到上海服装职业学校学习）；王汝珍（荣昌祥出身，后任裕昌祥、大集成经理，又到上海市工商联和上海市服装协会工作）等。另外还有：王国栋（慎昌号总经理）；王国梁、王和生（伟勃号经理）；王清堃（荣昌祥出身，上海西装裁缝"四大名旦"之一，后在培罗蒙工作）；王嘉志、王嘉明、王嘉植，分别任王荣康和裕昌祥经理；王增表（开林经理）。可以说王溆浦村是上海西服业的摇篮。

1923 年 5 月，46 岁的王才运与宁波旅沪的实业派头面人物袁履登、乐振葆等，带头加入上海总商会。1926 年，上海成立了宁波旅沪同乡会，王士祺、王士楚、王廉方、王嘉祺、王宏卿、王正甫、王才兴等作为赞助会员、特别会员、永远会董积极加入，并捐款赞助这一宁波同乡在沪的最大群众团体。

王才运的荣昌祥和他的门生倾情加盟的服装店，在 20 世纪三四十年代几乎垄断了南京路蓬勃发展的西服业。抗战期间，全国各地豪绅富户来沪避难。抗战胜利后，重庆的接收大员来沪发国难财。当时，上海西服业空前繁荣。一时间，西装革履，相帅成风。奉化红帮不断加快工作和生活节奏，上海南京路成了日进斗金的奉化西服业一条街。这些奉化红帮的服装店面向南腔北调的客户，组织供货，周转资金，大部分成为上海的名牌商店，对南京路的繁荣、中国西服业的发展，产生了重大的影响。作为上海西服业界的领军人物，不言而喻，王才运在中国服饰现代化的历史进程中做出了卓越贡献。

王才运的艺徒蒋月卿，曾受命到日本深造洋服技艺。蒋月卿的外甥王财生，1931年拜舅舅为师，1942年在上海东大名路开美发洋服店，1945年转到南京，1947年回上海，1950年在上海军服厂工作，1957年到香港，在旺角从开裁缝作坊到开洋服店，1978年该店由徒弟经营。王财生的长子王国林，1960年到父亲的洋服店工作，1975年到美国旧金山开洋服店，为美国国会议员、州议员及好莱坞明星制装，备受赞扬。王国林的侄女王秀蓉，1980年起习西服工艺，先后供职奉化第一服装公司、深圳香港华孚服装公司以及上海的一家洋服公司，专攻服装技艺。几十年来，奉化红帮培养艺徒和学生200多人，并为国内外政要，大使馆、企业界、演艺界相关人士制装不计其数。

当年共同富裕的来自王溆浦村的西服商，心系故土，承先睦族，造福桑梓。近半个世纪中，他们以奉化旅沪同乡会或个人的名义，向家乡捐资兴办公益事业，建立慈善机构，改变人的老习惯、旧观念，被后世传为美谈。虽几经劫难，但王溆浦村至今仍珍藏着全套《王氏宗谱》以及王才运去世时的遗像、像赞、荣昌祥呢绒西服号的照片，还有王睿谟、王才运、王汝功等商贾修建的学校、宗祠、桥梁等。改革开放之初，村里办起冠名为"汇利"和"荣昌祥"的两家服装厂，采用旧时荣昌祥的商标，生产蒸蒸日上。2019年以来，奉化区江口街道已全面整修了作为奉化区文物保护点的王才运故居，布置了王才运纪念馆，介绍先辈曾经走过的艰难道路和凝聚的崇高道德风范，以乡贤楷模的实人实事、实景实情教育下一代，使之成为卓具实效的爱国主义教育基地和新时代文明实践基地，并用红帮裁缝长年累月凝结的"四功""九势""十六字标准"，成功申报了国家级"非遗"名录，在量身定制服务方面和新农村建设中，发挥了可触、可感、可信的传承基地作用。

2022 年 10 月落成的王溆浦村红帮文化广场

红帮文化广场一角（左）
作者与王溆浦村党支书在村口红帮文化广场的合影（右）

海参崴^① "淘金"

老宁波以前有句口头语"窜头海山湾",其意应是"海参崴赚大钱"。海参崴与宁波相隔千山万水,赶水路有 1000 多海里。没有同乡、亲戚,不懂语言和风土人情,宁波人怎么会长途跋涉到那个天寒地冻、自然条件恶劣的地方去谋生,且能快速赚大钱呢? 这个问题始终牵动着宁波人的思绪。

位于亚欧大陆东北部的海参崴原属中华故地,元代时称永明城,设有驿站。"崴",是港湾之意,海参崴,即海参的港湾,是个天然优良的不冻港,那里山峦起伏,海湾蜿蜒。清代咸丰十年(1860 年)《中俄北京条约》签订后,清政府割让了黑龙江省乌苏里江以东约 40 万平方公里的土地,海参崴被沙俄割占。1862 年,俄将其改为军港,并更名为"符拉迪沃斯托克",俄语之意为控制东方。据史料记载,1860 年以后,包括海参崴在内的乌苏里地区人口呈快速增长态势,仅中国人就从 1860 年的 870 人增至 1879 年的 6855 人,1882 年增至 10353 人,其中海参崴增至 3000 人。1892 年,随着海参崴到伯力的铁路开通,海参崴人口再次增加。1871 年,俄国将西伯利亚舰队的主要港口,由黑龙江沿岸的庙街移至海参崴。1888 年,海参崴成为军事要塞,后又被辟为自由港,是俄罗斯在远东的第二大城市。离海参崴不远的北面,有个双城子(即双城堡),后改名为乌苏里斯克,是该区的首府,位于兴凯湖与海参崴

---

① 即符拉迪沃斯托克,是俄罗斯在太平洋沿岸最大的港口城市,清代时为中国领土,作为口述史,本文使用旧称。

之间，是一个中小规模的城市。这两个战略要地的枢纽城市现在都是俄罗斯领土，临近绥芬河。中东铁路建成后，中俄两国互通，见证着这块土地的发展与更新。

2001年，宁波服装博物馆的工作人员在东北调研期间，特别注意打听红帮裁缝在海参崴的信息，收集了一些书信和口碑材料，从一点一滴的历史碎片中，追寻、重温红帮裁缝在东北开启新征程的足迹，因为那是红帮裁缝发展史上的一个重要节点。

陈陛曙，1903年生于鄞县走马塘，14岁拜师学裁缝，不久，由乡亲介绍，他拖着一条辫子走出家门，从上海坐船先到青岛，然后来到海参崴，再转火车，落脚在哈巴罗夫斯克的"别德罗夫洋服店"。4年后，他又从海参崴坐船，经大连来到哈尔滨。他懂俄语，被聘为秋林公司的技师，多次为东北民主联军等高官制装，还设计了正反面可穿的两用长大衣。20世纪70年代末，陈陛曙创办了走马塘服装厂，产品远销中原和东北。

奉化西坞顾家畈的顾阿业（1887—1960）18岁婚后随母到海参崴，投奔父亲顾龙海学裁缝。可是在父亲病逝后，他家的生意萧条。1927年，顾阿业带着子女由黑河来到哈尔滨，自营福昌洋服店。其长子顾大德，新中国成立后加入俄国人开设的秋林洋行分支机构秋林公司服装部。次子顾大光，1927年出生，1950年开始在秋林公司服装部工作直至退休。这一寻常人家靠着服装业的传承，家境从拮据到宽裕。他们当年能立足海参崴，靠的是精湛的服装工艺和日夜工作、周全地为顾客服务的精神。正如10余年前哈尔滨服装职称高评委成员陈祥华概括的那样：裁缝这一行做起来很难，人体有多处凹凸部位，服装要想服帖，全靠推、归、拔的烫工工艺。一件西服的面料、衬头，里里外外四层都要服帖合身，事非经过不知难。在操作中，要考虑面料的热处理变形、熨斗的温度等。早先的红帮裁缝大多没有什么文化，只凭日常用心，偷学师傅的诀窍，久而久之，才日积月累，得心应手。有的前辈走在大街上时，很注意行人的穿着，看到做得好的衣服，就会跟在后面反复观察。

以坚韧不拔的精神抓住机遇，以常人难以想象的素质咬牙坚持，以己之长补人之短，红帮裁缝的这些特点是显而易见的。

哈尔滨市原政协常委陈宗瑜回忆：其父陈顺来，鄞县姜山乔里人，1904年在上海学生意，听说在海参崴那边做西装能挣大钱，于是，在1910年由一位师兄介绍，弃商学裁缝，通过几年锤炼，得到同行的肯定认可。1918年，第一次世界大战的战火蔓延至远东，陈顺来坐立不安。听说哈尔滨有许多外国人，蕴藏服装业的生机，1925年他几经周折，到达哈尔滨，带着一批从海参崴来的高素质学徒，与同乡准确判断，精心谋划，合伙开办了义昌西服店，迎合了20世纪30年代哈尔滨西服业兴盛之势。当时宁波裁缝多数住在外国六街道（后为大安街），左邻右舍，相依为命。

定居于北京东城区史家胡同、原在北京红都服装店工作的钱蕊娣感慨地回忆：其父钱三德，奉化白杜下沿人，近百年前，在双城子与堂兄一起开设钱德泰洋服店。钱蕊娣就出生在双城子。这家洋服店主要替俄国人制装，有做新的西装、大衣的，也有以旧翻新的。当时，大街上汽车与马车并驾齐驱，市场上流通的有日本老头票（又叫金币），还有白俄发行的金镑（卢布）。钱蕊娣大伯的儿子在海参崴开设钱永泰洋服店，他为人热情好客，又善于社会交际，信誉很好，在那里的宁波人经常托他办事。她大伯是做中式服装的本帮裁缝，没有改行，只会熨烫西服，烫一套，报酬一元。一天下来，少说能烫10多套，做了一两年，赚了些钱就回家买田造屋，以慰光宗耀祖的初衷，令同乡刮目相看。

哈尔滨市新华书店原经理张川华回忆：其父张少卿，奉化前隍山人，1920年，在上海一家商店为老板替客户送货，后改学裁缝。张川华出生后3个月，张少卿就跟着志同道合的同乡去了海参崴，在那里打拼近10年，挣了一大笔钱，悉数带到哈尔滨市中心、红帮店号集地，1931年3月在埠头区（今道里）

马街 76 号开设定兴服装店，引人注目。

北京王府井东华服装公司创始人、北仑大碶人董金甫的父亲，早年在日本东京学习洋服工艺，后转到海参崴，做了数年，积蓄了许多辛苦钱，回上海成家。每当他谈起当年在海参崴的经历时，总是津津乐道那大把赚钱的过往。

奉化前隍山张林生及其兄长二人，1915 年前后在海参崴开洋服店。孙子张绍文，1929 年在海参崴出生，刚满周岁时，由其母带回故乡。张绍文的叔叔张品能，从海参崴至大连开设民兴服装店，1942 年到天津继续开服装店，连做兼卖。

俄国十月革命后，1918 年，奉化人刘顺财从俄国来到海参崴，加入服装业。

鄞州区邱隘人顾升财，当年从海参崴到哈尔滨，在新阳路上开了昇财洋服店，专做"罗宋派"西装。

笔者过去在京、津、沪调研红帮裁缝时，听说 20 世纪二三十年代有不少从海参崴回到上海的师傅，他们具有扎实的基本功，能量会算，懂裁精缝，以擅长做"罗宋派"男西装闻名，成为圈内达人。原上海培罗蒙经理许达昌就曾重金聘请这样的服装技师作为当家技术骨干，提供技术支撑。

在文明传播的过程中，服装受到不同地域的自然环境和社会环境的影响而不断变化，这是一个惯例。双城子、海参崴，这两个远东城市，在 19 世纪末至 20 世纪初，已从处女地被开辟为初具规模的城市，逐渐商贾辐辏，贸易兴盛。宁波红帮裁缝高瞻远瞩，踏进这块淘金地安家立命，并以过硬的本领、高超的技艺和周全的服务，招揽了大笔服装生意，争得了商机。三件套、两件套，两粒扣、三粒扣，礼服、套装、大衣、户外服，风靡西方的服装缝制，成为他们百炼成钢的拿手好戏。

时光交错，历史叠压，逾千里之外的远东城市海参崴与痛下决断、实干为先、践诺不辍的宁波裁缝曾经结下过深情厚谊。如今，老一辈的子女们谈起经历过的往事，都念念不忘海参崴那段淘金的历史。这是百年来宁波服装业的真情告白，是红帮裁缝创业史上的亮丽篇章。在 1917 年俄国十月革命期间，一些俄国贵族，离开家乡来到哈尔滨避难。据 1923 年统计，哈尔滨全市人口 319355 人，其中俄侨 107000 人，这就促使包括红帮裁缝在内的宁波商帮纷纷北上创业。这既是机遇，又充满竞争。据后人回忆，当时海参崴的红帮裁缝独具四大优势：一是做西装采用上等面料，大多是英国产的呢绒；另外，辅料、衬头、垫肩、纽扣及生产工具都采用高档的进口货。二是精工细作，一丝不苟。面料裁剪前，先熨烫 4 个小时，使其彻底缩水。上衣注重试缝、修订和补正，以求最大程度上的合体。成衣时，"毛壳、光壳"试样 2~3 次，裤子试穿 1 次，这样的西装，保证连穿 3 个月不变形，挺括如初。三是技艺超群，按照顾客的各种身材进行认真的量体、设计，也就是度身定制，求真、重形。针对俄国寒冷的气候环境，他们经常缝制皮大衣、夹大衣、风衣和西装；西装要做得宽松，里面可多穿羊毛衫、毛绒衫之类的内衣；外套的面料适宜用厚花呢或哔叽之类厚实挡风又耐磨的料子。这样逐步形成了自己的工艺特色，即具有韵律美、和谐美的"罗宋派"，上身后使人显得优雅豪华，英俊挺拔。四是提供实实在在的优良服务，按时交付，约期不误。同时，他们还总结形成了检验西服质量的四个窍门：一看衣服的领子，左右是否对称，中间是否合缝；二看口袋的袋盖，是否平衡，袋盖放入袋中也要平直不皱；三看两只袖子是否缝紧，如果将两袖使劲向左右拉，拉不开，说明功夫到了；四看穿上裤子，蹲下去，裤裆会不会开裂。

③

奉化江畔的东洋户头

宁波白云小区的邬金芬，2001 年 74 岁，方敦敦的脸庞，一双炯炯有神的眼睛，虽然已步入老年，思维却十分敏捷，举止落落大方。她祖籍奉化方桥禾家桥村，其父亲邬德生，家境十分贫寒，3 岁丧爹，孤儿寡母，全靠她娘一个人，苦苦支撑，千辛万苦地把他这棵独苗养大。苦水里泡大的邬德生懂事后，通过亲戚引荐，到鄞江桥学裁缝。他靠一双勤劳灵巧的手，一年四季替有钱人家缝缝补补，指望早日成家立业。几年以后他的手艺很有长进，于是，从鄞江桥转到宁波，在城里仍旧干他的老行当。冬去春来，娘儿俩以微薄的收入苦熬日子。有一年，邬德生在离宁波轮船码头不远的东亚旅社做裁缝，几天后，结识了一位姓王的老板。此人估计是奉化人，一副善相。他看邬德生忠厚老实，手工活做得不错，想带他去日本横滨，到那里的宁波人开设的洋服店做裁缝。一心靠手艺挣钱的邬德生，早就意识到做衣裳不能再沿袭传统的方法，必须吸取新的技艺，现在有了这么好的机会，真是时来运转。他抑制不住内心的喜悦，巴不得立刻告诉母亲，和她老人家分享自己兴奋的心情。但没承想，母亲听他一说，想想家中就这么一棵独苗，如今年纪轻轻就要出远门，而且是远隔重洋去国外干活，何时可回，难以预料，所以紧皱眉头，不顾邬德生好说歹说，死活不肯。实在无可奈何，邬德生只得暂时先答应不去日本，但暗暗打定主意，三十六计走为上计。数日后，他瞒着母亲，跟着王老板东渡日本。

邬德生人在日本，客居他乡，心中却时刻挂念着母亲和他的未婚妻。当时，母亲靠当地热心人牵线搭桥，替儿子寻了一位规规矩矩、勤俭朴实的姑娘，她是马家桥村人，彼此家境相合。大约过了两年，邬德生在日本真的挣了不少钱。那一年，他兴致勃勃地回家，母子团聚，和未婚妻久别重逢。他们选定吉日良辰，拜天地完婚。婚后小两口顾不上欢度蜜月，双双拜别各自爹娘，从上海坐轮船又赴日本。邬德生历经磨难，家庭渐有起色，乡亲们都唤他家为"东洋户头"，其中，包含了仰慕、爱戴和敬重之意。

光阴荏苒，一晃过了数年，邬德生靠辛勤的劳动和热情的服务，受到了日本人和中国侨民的信任。他从肩背蓝布包袱，早出晚归，四处接生意，到站稳脚跟，后在横滨山下町开了一家合丰洋服店。这家只有独间门面的洋服店，既做西装又做中山装、学生装。店内有一台缝纫机，两张作板（工作台）。邬德生专做西装，聘用一位老师傅专做中式服装。合丰洋服店店虽不大，客户倒也不断，生意一天胜过一天。邬德生不停地忙，量体、裁剪、缝纫、熨烫，每道工序，精工细作，有条不紊。他不仅做衣服，还兼任几家洋服店的"跑街"，不失商机，承接大笔买卖，一来一去，转手有利可图，一家人生活得有滋有味，温饱有余。

在横滨这个异国他乡，华人们有着共同的语言和共同的追求，建立了深厚的感情，大家相互照应，共同帮助。邬德生在那里认识了与他老家一江之隔的茅山人张有福。张先生家境比较富裕，全家住在一幢大洋房里，客厅里还摆放有钢琴。他们都从事西服业，两家又住得相近，大人小孩常来常往，彼此建立了深厚的友情。1923 年 9 月 1 日，对日本来讲，是一个悲惨的日子。就在那一天，关东发生大地震，地动山摇，震波从东京横滨的地震中心，辐射至周围城市。69 万余间房屋顷刻间被夷为废墟，15 余万人死伤，经济损失达 100 亿日元。在这场天灾中，许多华侨不幸家破人亡。

在这次灾难中，邬德生家有三口人遇难，他的妻子和两个儿子葬身火海。这飞来横祸在邬德生心中留下了难以愈合的创伤。那年，他急匆匆带着大女儿从日本回到上海。到上海后，他已两手空空，连回宁波的盘缠也无着落。邬德生走投无路，后来在宁波旅沪同乡会的帮助下，终于回到禾家桥村，见到了辛苦大半辈子的母亲。母子重逢，悲喜交加。

经亲友牵线，邬德生认识了包山村的包阿英。不久，两人便订婚成亲，重新组建了家庭。婚后，夫妻双双又从上海启程去日本横滨。十几年后，邬德生家已是六口之家，四个女儿亭亭玉立。

每逢炎夏，他经常带着全家去富士山下避暑度假。度假期间，他只带一只缝纫机头，在当地同行处借一副脚架，以上等的英国呢绒作为面料，为当地的日本客商做西服。当邬金芬到上学年龄时，邬德生送她到公立中华小学这所由中国人创办的华人学校读书。在这所学校里，邬金芬既学汉语又学日语。上学时，学生穿统一的校服，白衬衫、背心裙，剪短发，时称"童花头"。而街上来来往往的日本人，不是着和服，就是穿西装。

1928年，听说上海成立了宁波旅沪同乡会，邬德生马上加入，并作为赞助会员，与几家旅居横滨的同行同乡踊跃捐款。

1937年3月，日本在军国主义的煽动下，在朝鲜等国大量征兵，举行军事演习，企图并吞美丽而富饶的中国。在日本国内，反华流行，在日本的中国侨民横遭排斥和歧视，日子一天比一天难熬，不少中国人纷纷回国避难。那一年，邬金芬10岁，邬德生已是49岁，本打算在横滨继续寻求发展，眼看世道不太平，怕日后凶多吉少，局面无法收拾，邬德生咬咬牙，打定主意，收拾行囊，带着全家回国。离别日本时，张有福的女儿张秀玲特地前来送行，依依不舍。邬德生搭乘了一艘英国人的豪华游轮"皇后"号，横渡太平洋，搏风斗浪，过了两天两夜，终于到达上海。然后他们又从上海坐船回到禾家桥村，邬德生安顿好妻儿和风烛残年的老母，回到了上海。在上海，邬德生靠张有福的帮助，在张家打工。日夜操劳和省吃俭用积蓄了一笔资金后，他又与张有福合股经营张家的呢绒西服店。1938年，邬德生的老母亲离开人世。1940年，日寇的铁蹄疯狂地蹂躏宁波，奉化江上不时有侵略者的汽艇横冲直撞，城乡又有土匪出没，绑票案频发。邬德生在沪日夜担忧乡间一家人的安危。他风尘仆仆赶回老家，将妻儿接到"孤岛"上海。在上海邬德生与同事方永义合资购置了英租界赫德路赵家桥荣源里一幢石库门结构的楼房，邬德生与方永义两家一起居住，亲密无间。

10岁的邬金芬，此时早已懂事。她除上学和在家复习功课之外，还经常与姐妹们一起到静安寺路851号张有福先生开设的福昌呢绒店玩耍。福昌呢绒店位于王家沙附近，三楼单开间，一楼为店堂，玻璃橱窗中陈列着各种应时面料。后来，张有福又在店外挂了一块"有义西服店"的牌子，意味着这一家呢绒店兼做西服。营业范围扩大了，地段又在闹市区，呢绒店的生意比较兴旺。

过了数年，邬金芬已长成亭亭玉立的大姑娘，她笑靥如花，快乐绽放。经张有福介绍，邬金芬被许配给张有福的哥哥张有刚的孙子张学浩。从此，一同喝奉化江水而生的邬家与张家，建立了情真意笃的血缘关系。这一层关系，是以相知相识的红帮裁缝为基础紧密融合的。

张家漕的张氏，按宗谱辈分排列是"高尚有方师维孔孟"。"有"是张氏第三代。张有福生于1879年，1964年逝世。根据张有福女儿张秀玲的陈述，其父和张有宪、张有舜是堂兄弟，他们一起在日本横滨开设呢绒西服店。1925年，张有福在上海开店；1928年张有舜在南京开永信祥呢绒号。当时，他俩在上海、横滨间来来往往。

邬德生1937年到1950年一直在上海张有福的有义西服店中干活。新中国成立之初，人们崇尚人民装、列宁装，西装过时了，只会做西装的邬德生为了一家人的生活，不得不放下手中的剪刀，改入喷漆行业。

2001 年 12 月，邬金芬参观了宁波服装博物馆后，主动讲述了红帮裁缝在日本创业的那一段不可磨灭的历史。她几次到馆，深有感触，对当年经历娓娓道来。她还拿来了一张 70 年前的全家福，照片虽然泛黄，中间留有折痕，不过画面上的人物比较清晰。照片上邬德生西装革履，上身着一件二粒扣的西服，内衬领尖略呈弧形的白衬衫，精神抖擞。其妻一身闪亮的旗袍，脚上穿浅色的长袜，配尖头网眼皮鞋，形神兼备。四个女儿，均着花缎大袖旗袍。两个小女儿的旗袍领口、袖子和下摆还施着花边，十分时髦。这是一帧难能可贵的历史照片，它记录了宁波红帮裁缝在日本创业的艰辛和荣辱，是宁波服装史的重要实物资料。

20 世纪初"东洋户头"邬德生一家在日本合影

4

父子裁缝　彰显尊荣

1913年，是辛亥革命成功后的第二年。那年春上，奉化县西坞乡东陈村，一个12岁的男孩陈阿根，穿着一身棉长袍，含着眼泪，拜别面容枯槁的父母双亲，在一位远房娘舅的陪同下登上了北上的旅途。他们一路上坐轮船、乘火车，经过几个昼夜的长途颠簸，来到了远隔千山万水的冰城哈尔滨。这个时期，地理位置优越的哈尔滨，可谓新旧交替、中外混杂，大街上马车、小汽车、有轨电车穿梭如织。蓝眼睛、黄头发、高鼻子的外国人，扬扬得意，来来往往。原本多见田畈少见人头的陈阿根，被眼前这些高楼大厦和衣着形形色色的人群深深地吸引了，一切是那么的新鲜，满眼皆是从未见过的行人，他不知道自己踏上了何方土地，这个陌生的世界让他惊讶不已。歇了两天，憨厚淳朴的娘舅带着他来到一家服装店，俯首跪拜一位宁波裁缝为师傅。从此，命运将他安排到了裁缝业，穿针引线、缝缝补补，踏铁车①、生煤炉、熨烙铁，成了他日复一日的活儿。按惯

哈尔滨红帮名师陈阿根

陈阿根之子陈祥华

① 吴语，踩缝纫机。

17

例，3 年可以满师，但他毕竟年纪太小，又学了 2 年。17 岁那年满师后，经一位宁波人引荐，陈阿根在位于四道街的一家波兰人开的阿尔登洋服店开始做工，赚钞票。

从小在苦水里泡大的陈阿根，吃苦耐劳又聪敏灵活，5 年的裁缝学徒生活使他的基本功很扎实，工作时他脚踏实地，一丝不苟，制作的一件件衣裳，挺括亮丽。他受到了店主阿尔登的赞赏。做了 2 年后，店主让他当了正式裁缝，上了一个台阶。他主要负责采用英国进口的面料和辅料缝制高档西服。及时跟进市面上吸引眼球的欧美流行款式，加上陈阿根对面料甄别的眼光和不断长进的裁缝手艺，提升了阿尔登成衣的档次。陈阿根踏踏实实地多做衣、做好衣，且在做的过程中不断琢磨改进，一套更比一套完美，受到了许多客户的夸奖。于是店主更加看重他，把他当作摇钱树，并用奖金激励他，薪金由月工资改为计件制，做一套算一套。该店优质优价，一口价比普通店高出 1 倍，且谢绝讨价还价。价格虽高，却因迎合了消费者的需求，来店内量身定制服装的中外人士络绎不绝，一年四季顾客盈门，经久不衰。

哈尔滨号称"东方小巴黎""东方莫斯科"，昔日有 20 多个国家的侨民聚居。1917 年 2 月，俄国资产阶级革命推翻了末代沙皇。同年 11 月，列宁领导的十月社会主义革命取得了伟大胜利。有些沙皇时代的富豪显贵逃到了哈尔滨。1923 年，哈尔滨全市人口 319355 人，其中俄国人 107000 人。这促使哈尔滨的西服业呈回升态势，从而吸引了宁波红帮裁缝们不畏路途遥远，不惧天寒地冻，成群结队来到这里。

天道酬勤，在哈尔滨，陈阿根有个绰号叫"反正面阿根"，形象地说明了他是红帮裁缝里的行家里手。阿根师傅缝制西服的特点是：精工细作，高标准严要求，做到外表面挺、里子平，是反正面一模一样精细的极品。久而久之，"反正面阿根"出了名，他的技艺受到全行业公认，大家都暗自倾慕不已。他做的衣服，每一件西服的前止口、卜头，看上去都里外服帖，久穿不变形，很受中外顾客的欢迎，因此为阿尔登洋服店挣得了大把大把的金钱。于是，店主对他更加器重，而阿根师傅接触的外国客户也越来越多，特别是俄国客商。在频繁的交往和应酬之中，陈阿根虽然没有文化，却学会了讲一口流利的日常用俄语。也正因为懂得俄语，密切了陈阿根与顾客的关系，彼此一来二去，有的老客户和他简直可以称兄道弟。这有助于他进一步了解顾客的需求，做出来的衣服更能显示男士的雍容华贵、自然洒脱。

1930 年，阿尔登决定到上海去开店，准备带阿根师傅一起在上海谋求发展，以期大展宏图。店主几次好说歹说，并以高薪诱惑。然而，陈阿根早已有自己的打算。一晃过去 12 年了，他不愿再为阿尔登干活了，考虑要自立门户，树立品牌。无奈之下，阿尔登恋恋不舍地同陈阿根握手言别。12 年相处，12 年情感，这位外国老板临行前，由衷地把三件不便携带的硬件设施送给他：一个三面的试衣镜、一个衣架和一个烫板，以表示他的感激之意。那年秋冬，陈阿根东拼西凑，煞费苦心，在哈尔滨闹市区中央大街的支街霞曼街 45 号开了一家陈泰兴洋服店。挂牌开张那天，在缕缕阳光照耀下，许多宁波裁缝都争先恐后前来祝贺捧场，大家拱手致意，一阵阵欢声笑语喜滋滋、暖洋洋，一个个心生欢喜与感叹，驱散了大街小巷凛冽的寒风。

陈泰兴洋服店虽然只租赁了一间不大的门面，但布置得井井有条。店里员工共计 9 人，有 5 名师傅、4 名学徒。生意主要是接受三家呢绒服装店的订货，即犹太人开设的"别特罗夫""好波霍夫"和山东人开的"日隆"。因为陈阿根的名气，加上他结识了不少社会名流，一年四季，顾客一拨又一拨，三五成群，西装做了一批又一批。当时，中央大街上开了很多服装店，形成了哈尔滨闻名的呢绒服装一条街。这些店大多是做西服又兼售呢绒，双管齐下，一举两得，生意兴隆。

1945 年 8 月，东北解放，新旧交替之间，人心不稳，哈尔滨市的西服业一度处于低谷。陈阿根不得不减员缩店，只聘用一位老师傅，做一些外加工的衣服。虽然生意不比从前兴旺，但日子还过得去。20世纪50年代到60年代初，旅居哈尔滨的外国人纷纷离去，返回本土。1960年起，中苏关系恶化，苏联撕毁协议，撤回专家。从此，陈阿根一门心思为本国服装消费群体做西装，低调、淡定，直至1977年他76岁病故。

陈阿根有两个儿子，大儿子名叫陈祥华，2001年70多岁。当笔者采访他时，他介绍了上述情况，接着，诉说了自己的经历。1933年，陈祥华与母亲告别东陈村的老家，来哈尔滨寻找陈阿根。通过熟人和同乡到处打听，母子俩几经周折终于在霞曼街找到了陈泰兴洋服店，夫妻、父子三人碰面后，抱成一团，双方互叙苦楚，彻夜难眠。此后，陈祥华的母亲帮助丈夫照料店堂，一日三餐，烧菜做饭，缝补浆洗，忙得不亦乐乎。一家人暗暗庆幸总算过上了安稳的日子。但当时哈尔滨地处伪满洲国，日本军国主义勾结溥仪这个傀儡，让三千万东北同胞做了亡国奴，只能在铁蹄下艰难度日。日本侵占东北14年，一面掠夺东北的大量物资，一面拼命倾销日货。日伪在哈尔滨拼凑了"洋服商组合"，实行物资统配，哄抬物价，垄断市场，包括做西装的面料、辅料。不少服装店经不起三番五次的折腾，歇业倒闭。陈阿根也难逃厄运。他日夜寻思如何南迁上海。为了轻装上阵，他寻思先让妻儿四人回宁波，等他处理完店铺事后再到宁波会合。但事与愿违，时事动荡，店铺无人问津，苦苦支撑，拖了一段时间，由于战火纷飞，南北交通受阻，陈阿根只能独自留在哈尔滨。陈祥华和两个妹妹跟着母亲返回老家，共克时艰。母亲久久得不到陈阿根的音讯，不知到底是祸还是福，天天愁眉不展，心急如焚。无可奈何之下，母亲把陈祥华和一个妹妹寄养在外婆家，自己带着大女儿从南到北，日夜兼程，再次来到哈尔滨。那时，正逢解放战争，南北邮件受阻，陈祥华寄往哈尔滨的信，总是收不到回信。他情绪沮丧，心情忧郁，寂寞，凄凉，日夜盼望能尽快回到父母的怀抱。

1949年5月，宁波解放。不久，陈祥华终于等到了父亲的来信。那年年底，他筹措路费，又一次启程，回到了哈尔滨，一家人陶醉在久别重逢的甘甜之中。陈阿根权衡再三，打定主意叫陈祥华学裁缝，子承父业，指望着日后陈家薪火相传。陈祥华从小在父亲身边长大，大人的一举一动，在他的脑海里留下了深深的印痕。从小他清晨一睁眼到夜里入睡前，天天看到的都是穿针引线做衣服的情景，对裁缝工作很熟悉，所以学起来得心应手。他花了 3 年时间，熟练掌握了量、算、裁、缝、烫每道工序的操作要领。1950 年，陈祥华响应人民政府号召，加入了抗美援朝军需被服加工厂，突击赶制"最可爱的人"的军被服。1954 年至 1956 年的合作化运动中，他在哈尔滨第二高档服装门市部，即苏联侨民会下设的服装加工厂工作。1960 年，他出任该门市部主任兼做裁剪工作。1969 年，他加入了中国共产党，随后提干，在益民服装厂当人事干部兼技术负责人。从此，他的人生和事业进入了上升通道，步入了黄金时代。1978 年，他被上调至哈尔滨市服装纺织公司工作，先后担任哈尔滨市服装质量监测站站长和技术科科长、服装十五厂技术厂长，直至 1992 年冬退休。从青春年华到两鬓如霜，陈祥华与服装业结下了不解之缘。他政治思想纯洁，要求进步，懂业务、懂技术，又会经营管理，经常获得上级的好评和同行的赞誉。一辈子，一件事，在 30 多年的光阴中，陈祥华致力于钻研服装技艺，不断吸取同行的长处，补短板，找差距，提高自己。1987 年，他被评为服装设计师。1990 年，他荣获纺织部服装设计 30 年优秀设计师称号，并被聘为哈尔滨市专业技术职称评审委员会常委、黑龙江省行业质量评定委员会常委。在这期间，他还有幸加入了国家服装业总公司行业质量评比评委。这些亮闪闪的光环，是陈祥华痴迷服装制作、毕生勤奋的结晶，也是他告慰生父亡灵，值得自豪的事情。

2001 年夏，宁波服装博物馆的两位馆长获得宁波红帮裁缝北上东三省创业的信息，到哈尔滨进行调研。在红帮后人刘天寿的陪同下，我们在道里区霞曼街 55 号拜访了陈祥华。从此，引发了以后 10 年间一封封热情洋溢的书信和一个个饱含深情的电话。正是陈祥华一页页书写的清晰的信件，使服装博物馆获得了宁波裁缝在哈尔滨的创业历史资料和 10 多位奉化籍和鄞县籍著名服装技师抱团取暖的经历，包括他们当时的姓名、年龄、工作单位、专业技术职称、家庭住址、联系电话。例如：会做难度大的燕尾服，人称"东北第一把刀"（剪刀）的张定表，在哈尔滨中央大街 126 号开设瑞泰洋服店，是红帮群体中的好手，主要为挑剔的白俄人做衣服。在哈尔滨时，陈祥华和我们一起早出晚归，上门了解红帮裁缝各自的经历，动员他们捐赠历史实物。这对宁波服装博物馆掌握红帮裁缝在哈尔滨的情况有很大的帮助。陈祥华告诉了我们许多将被历史湮没的动人事件。如顾家畈人顾阿业带着子女顾大德、顾大光、顾杏莲由黑河到哈尔滨，开设福昌洋服店的前前后后；有一个跛脚的顾兴才，擅长做女装，后来到长春发展。哈尔滨裁缝有不少是山东籍和河北籍的，他们都拜宁波红帮裁缝为师，共同经营服装业。当年，他们追求进口的工具，如德国产划粉、剪刀，还有国产的上海双箭牌、杭州张小泉、哈尔滨三盛炊剪刀。红帮技师认为一套衣服做得过硬否，主要看领子左右是否对称，袋盖放入袋中是否平整，袖子牢固不牢固，左右做勒拉，裤子穿好蹲下去裤裆会不会开裂。这些都是检验裁缝真功夫的难关。陈祥华还向我们介绍了在哈尔滨市开设第一家洋服店的殷伦珠，"服装博士"石成玉，哈尔滨市政协常委、服装业主任陈宗瑜等；诉说了 1940 年轰动哈尔滨的金票事件，介绍了被日伪被捕入狱含冤身亡的奉化南渡人、金家堰人，以及洋服店老板的徒弟加入空军，驾机起义，参加东北抗日联军的壮举，如此等等，白纸黑字，一一呈现，这是他对服装业的一往情深和对家乡的牵挂留恋。

5

爱国爱乡的模范商人王才运

奉化区东北 10 公里，有个王溆浦村，村前村后，绿野平畴，水流萦回。全村有 300 多亩耕地，500 多户居民，王姓过半，生息百余年，务农十多代。王溆浦村虽不大，却在中国近代服装的发展史上留下了浓重的一笔。尤其是在 20 世纪初，出生于该村的裁缝王才运对当年申城西服业的崛起和奉化的发展做出了突出的贡献。

王才运生于清代光绪己卯年（1879 年）9 月。父亲王睿谟，继承祖上三代的遗训，早年在沪打工。据至今保存完整的《王氏宗谱》记载，王才运

上海南京路商界联合会会刊上介绍的王才运先生

的祖父昌乾公（1814—1852）从事工业，祖母余氏以纺织佐之，艰苦度日。王才运的伯父弹湖公（1844—1882）在家务农。其父睿谟公（1846—1924）13 岁时，继承父业外出打工，工余又肩挑担子，上街串村贩卖零星物品，补家用之不足。24 岁时，娶慈溪郑氏。新婚宴尔未逾月，就离家去沪做工。睿谟公 37 岁那年，即清代光绪壬午年（1882 年），王才运伯父病逝，遗子女 4人。无可奈何，两家合而为一，全家十余口人，生寡食众，贫寒交迫。睿谟公仍赴沪就业，日间拼命干活，夜晚缝纫衣服，靠微薄的工薪和一点额外收入，维持家庭生活。1884 年，睿谟公的前妻郑氏去世后续了梁氏。不久，日

本国推行明治维新，百业待举，社会上需工甚急。睿谟公得知消息，眼看沪上工业比较萧条，毅然东渡扶桑，学习洋服裁剪。命运多舛，未及数月，睿谟公突接其母去世噩耗，得电疾回，锥胸泣血。同时，厄运又降，王才运的伯母及小叔，亦相继病亡。睿谟公含哀忍泪，料理完丧事，即返回日本。3年后，其续妻梁氏病故。又过了5年后的一个冬天，邻居失火，殃及睿谟家，顷刻间，居室及家具、粮草等付之一炬。这突如其来的劫难，对于原来就摇摇欲坠的王家可谓雪上加霜。王睿谟顶寒风、踏积雪，东借西赊，草筑几间低矮的小屋以蔽风雨侵袭。穷则思变，无情的大火激起了他奋发图强的斗志。他勒紧腰带，加倍劳作。清代光绪庚子年（1900年），王睿谟终于在上海站稳了脚跟，借用里弄里的一间小房子，开起了服装作坊。当稍有积蓄时，他回家乡独资建造了梅房祖堂，并在上海不吝金钱、不辞劳苦，督建了新北长生公所，并监修了老公所。这两个公所均在上海虹口下海浦，是宁波裁缝早期的成衣公所，入公所者必须是会做开眼子服装的手艺者。

王才运，清代光绪五年（1879年）生于王溆浦村，13岁离乡到上海谋生，先去杂货店当学徒，后改学裁缝。他自幼聪敏机灵，在父亲的悉心传授和谆谆教诲下，刻苦钻研技艺。为改变中式成衣铺和西服裁缝店仅做来料加工的弊端，王才运怀着开拓西服业的志向，决心施展自己的抱负。但由于资金拮据，他只能先做包袱裁缝，即携带面料，走街串巷为顾客量体裁衣。一段时间以后，有了一点积蓄，父子俩就在浙江路天津路的忆鑫里附近租了一间店面，开设了王荣泰洋服店。王才运在这个小小的天地里，与父亲相依为命，面壁苦斗，勤劳经营。经过多年的努力，他们积累了"第一桶金"，又得到其祖上远亲慈溪人潘瑞璋的资助，于1910年与同乡王汝功、张理标合股在南京路西藏路口（后为上海第一百货公司地块）即新世界商场对面，开设了荣昌祥呢绒西服号。南京路商业街是在清代道光二十三年（1843年）上海开埠后由英租界扩张而逐渐形成的。清代道光三十年（1850年）洋行大班圈地设抛球场和花园路跑马场，以后建成跑马厅，扩建后的花园路成为租界的交通主干道，人称大马路。清代同治四年（1865 年）命名为南京路。至清代光绪三十二年（1906 年）南京路有洋广杂货、洋布绸缎、衣庄、银楼等 30 多个行业的商店 184 家。从民国六年（1917 年）到民国二十五年（1936 年）南京路上先施、永安、新安、大新四大公司先后落成开业，南京路更加繁华。这里是上海滩营商的核心区域，人流车流，川流不息。准确地说，在南京路开店，是王才运高屋建瓴、稳操胜券的一着好棋。

荣昌祥呢绒西服号为三层建筑十开间门面，店外五彩灯光辉映，店内装饰得富丽堂皇，在当时既时尚又颇具气派。时值上海开埠，楼宇耸峙，万商云集，百货山积，洋人纷至沓来，西风东渐，西服日趋流行。王才运以犀利的目光，抓住有利时机，精心布局店堂：一层为商场，二层的前半部经营呢绒批发，后半部设裁剪、配料和工场，三层前面为缝纫工厂，后面辟为职工宿舍。这样，下面开商店，上面当工场，门市零售兼来料加工，呢绒批零兼营，工贸一体化。商场内不但陈设有各种西服，还有时髦的衬衫、羊毛衫、领带、领带夹、呢帽、开普帽、皮鞋、吊袜带等，真是应时摩登，琳琅满目，五光十色。以高颜值的饰品袖口纽和领带夹为例，就备有银质、镀金、包金等不同质地和规格，美不胜收。荣昌祥鼎盛时，总共有职工 100 多人，其中，商场服务员 30 人，工场裁剪缝纫 70 多人。从接生意到取成衣，流水作业，一条龙服务，在这个寸土寸金的地方，争取了顾客，赢得了市场，被驻外使节、洋行职员、官僚买办、医生律师、富家子弟等所青睐、追捧。

王才运出身于红帮裁缝家庭，他不满足于现状，不墨守成规，而是博采众长，兼收并蓄。为提高西服的档次，扩大市场占有率，提升与外商的竞争力，他一方面从英国订购西服样本，汲取灵感，解读审美，不断更新换代；另一方面，从日本、朝鲜、海参崴等地重金聘请出类拔萃的华工裁缝为自己掌眼。他还通过怡和、孔士、元祥、石利路等沪上洋行，向英国、意大利等厂商订货，进口全毛高档的衣料。充裕的货源，为荣昌祥的拓展奠定了丰厚的物质基础。而高超的技术、周全的服务、比进口货便宜的价格，为荣昌祥在中外顾客中建立了良好的信誉。近悦远来，随着荣昌祥的繁荣昌盛，南京、北京、天津、青岛、广州、厦门等各大城市的客商，都纷纷前来选择面料，定制西服。这些都印证了王才运及其合作伙伴们有先见之明，并由此带来了可观的经济收益。

王才运开设的荣昌祥，伙计和学徒大都来自本乡本土，有子侄一辈的，也有外甥、外甥女婿等亲戚。他深知"功以才成、业由才广"，对员工，无论亲疏，他都同等对待，从严约束管教，教导他们怎样做人、读书、交友。凡初涉西服业者，一律先到工场实习，在学会服装结构、裁剪技术和缝纫手艺后，再视其品行和特长，各就各位。有的留在工场当工人，有的分配到店堂做营业员，有的作为管理人员使用。去工场的，先要拜师，然后按制作西服的一道道工序培训，让他们在历练中掌握各种面料的性能、各种服装的款式，并能根据顾客的身材，灵活运用，培养他们踏实工作，谨慎操作。例如，到商场的，必须学会"量、算、裁、试"四项基本功，练习过硬本领。此外，他聘请文化教员，每当店堂打烊后，组织学徒们学习国文、英语、珠算、会计等课程，并明文制订了十八条店规，严格约束员工，遵纪守规，文明热情待客，培养员工们良好的生活和工作习惯。王才运培养了一批批服装行业的优秀人才，从荣昌祥出去自立门户的有近20人，其中大多在南京路开西服店，与荣昌祥遥相呼应。这为南京路的繁荣和西服业的发展，起了很大的促进作用。王才运呕心沥血，为红帮裁缝队伍的壮大和造诣、素质的迭代升级，做出了不可磨灭的历史贡献。分久则合，合久则分。1916年，荣昌祥最初的三个合伙人拆股，各奔前程。王才运以10万银圆之巨独资经营荣昌祥。显而易见，王才运开创了王家的黄金时代，荣昌祥成为上海商界最有实力、最完备、最著名的西服专业商店之一。

身处十里洋场的王才运，目睹租界中外国侵略者的肆意妄为，十分气愤。1919 年，他因具有崇高的爱国精神和在商界响当当的名望，被公推为上海南京路商界联合会会长和上海各马路商界联合总会副会长，并担任奉化旅沪同乡会董事。在风起云涌的革命浪潮中，他以一个中国人的民族精神，积极支持五四运动。在震惊中外的"五卅运动"中，他领导南京路商界罢市，声援工人阶级，王才运也因此遭到巡捕房的搜捕，幸亏他及时转移到南市的华界，才免受其害。不久，他又竭力抵制日货，毅然带头不与日本人做生意。面对帝国主义在经济上侵略中国的嚣张气焰，王才运决定回奉化老家。在离店之前，他首先想到的是跟了他多年的门生和员工。他做出了一个明智的决策，即盘点清算荣昌祥的全部资产，以分红的形式，把三分之二的资产分给门生和员工，让继续留店的门生和员工成为合伙股东，并指定他的外甥女婿王宏卿出任经理，族侄王正甫任副经理。此后，由荣昌祥衍生出上海许多西服店，仅在南京路上就有王家门的"五大家"（王荣康、王兴昌、王顺泰、裕昌祥、荣昌祥），以后这些王氏家族的西服店又衍生出第二代、第三代，并遍及重庆、北京、兰州、香港、台湾等地。1926 年春，王才运携家眷离沪回乡。当时的国民政府外交部部长王正廷赞誉他为"模范商人"。

1930 年南京路商界联合会《会刊》，在介绍王才运时写道："王才运先生，浙之奉化人，年五十有一。自幼旅沪，习呢绒西装业，廿余年前，设荣昌祥呢绒西服号于南京路泥城桥畔。今南京路上同业店号之主事者，大半出自先生门下。先生秉性，忠诚谦和，恪守商业道德。先总理在时，当嘉许之。外长王正廷博士，则誉之为模范商人。先生经营之余，尤颇关怀国事，当五四运动时上海商界中奋起者，先生第一人也。知商界不可无团结，即联络同路之店主若干人，发起南京路商界联合会，会既成立，被推为正会长。各路商界总联合会之组织，亦先生之倡议。及市民权问题起，又奔起呼号，不遗余力。纳税华人会举之为理事，固辞不就，举贤自代。人以其成功而身不居，呼之为大树将军。"五卅惨案"发生后，先生愤帝国主义之横暴，雅不愿再与帝国商人相交易，助长彼方经济侵略之手段，因弃其数十年经营之荣昌祥，而卖掉还里，徜徉于塔山剡水之间，以休养天年云。"

据《申报》1926年2月2日"荣昌祥停业后之余闻"：公共租界纳税华人会理事王才运君，因感于五卅案件，除尽力援助外，并将数十年心血所成之荣昌祥呢绒号停业，回里休养等情，已志前报。兹悉王君之侄辅庆君，任该号协理店务有年，对于各界主顾，感情颇洽，各方闻讯，多劝其继续营业。其侄因有违乃叔初志，决将原有号名及地址放弃，另行设立王顺泰洋服号于西藏路宁波同乡会对面，以答各方原意。现在竣工修理，丙寅春间可以开始营业。

王才运回到阔别35年的故土，人亲地可爱，百感交集。他不愿养尊处优，碌碌无为，而是怀着一颗感恩的心，忙里忙外，热情帮助乡亲们，不辞辛劳，为家乡创办各种社会公益事业。这里，必须指出，王才运的所作所为，主要来自其祖上的教导，是秉承父辈的遗志。

1924年元月，王睿谟在临终前念念不忘济贫助困，叮嘱王才运要办妥每件好事、实事，句句话儿情真意切。

热心慷慨的王氏父子在王溆浦乃至奉化有众多善举，主要做了五件大事。

一是兴修水利。王溆浦有个王家闸，年久失修，无法蓄水，每逢干旱，田里禾苗枯萎。睿谟公早年倡议并出资，重新修建，碶闸焕然一新，村人齐心称好。以后，又响应族人王汝功的建议，捐资修筑乡里最大的水利设施——外婆碶。碶成之日，睿谟公又独资在碶旁造了一个守水亭，为司碶者和过路行人提供了憩息的场所。1923年12月24日据奉化县公署布告第一一八号；王士通（才运）秉承父睿谟公的遗命纠合旅沪在族同志治理在村河道及周围公路以利大众，并与族中长老共同议决：浚河自鱼塘起至三叉江口共计河长1500余丈；修路约长1500余丈。浚河约计洋2500余元，修路约计洋500余元，公推王士通、王士沆为主任，王本深、王仁德为监工，王嘉美、王嘉理，王士富，王文富等八人为干事。浚河、修路资金依靠旅沪族人捐助。如王世袭助洋 300 元、王嘉挑 70 元，王廉方 50 元等，共 11 位计助洋 645 元。另外，公路与河水利有关的农田（共 620 亩）每亩认洋一元。不足部分由王才运负责。

二是造桥铺路。距江口东面千余步，有一座寿通桥，俗称新桥，是剡溪、禽孝，以及新昌、嵊县赴甬者的必经之桥。这座七洞木石结构的桥梁，长 10 余丈，下可通舟楫。旧时桥上的石板路崎岖狭窄，残缺不齐，高低不平。一到夏秋汛期，洪水泛滥，横溢桥面，过往行人稍有不慎，就可能遭灭顶之灾。睿谟公十分关切和同情，捐重金改造。为使桥墩稳固，维修时拓宽桥面三分之一。此工程始于 1920 年秋，至翌年竣工，共耗银圆 2800 多元。1928 年，旅沪的奉化籍人士，为畅通奉化到宁波的陆路交通，筹建鄞奉长途汽车公司，公推王才运为筹备主任。他肩担重任，不辜负乡亲们的企盼期望，全力投入。通车之日，汽车隆隆开来，人们奔走相告。

三是捐款赈灾。《晋豫灾略》揭露清代光绪年间山西、河南、陕西、直隶、山东北方五省大旱，并波及苏北、皖北、陇东、川北地区，仅饿毙暴野者就达一千万，是中国自古以来"第一大荒年"。这时上海商团及富户出手相助，捐款捐物，王才运也带头施善。清代庚申年（1860 年）以来，奉化三遭水灾，田野一片汪洋，庄稼大面积受淹，部分颗粒无收，灾民蜂拥，怨声载道。旅沪和在甬的奉化士绅争办急赈。睿谟公几次吩咐王才运捐助。同时，连续几年以平价的粮食贷给穷民，价值超过往年为北方的捐款总额。

四是义田助学。王才运父子幼而失学，终身抱憾，见族人有的类如自己早年的处境，为济困助贫，睿谟公临终前的 1924 年元月，托付王才运，把在家乡的土田拨出 120 亩，其中 100 亩的收入，供 20 名贫寒子弟免费进入淑东学校，岁助学费百元。

五是救济鳏寡孤独，终其天年，承诺每年给谷 240 斤，并帮助小本营生者买牛、播种贷本及贫病医药之急，安然生存。为合理使用这些来之不易的义田，王才运牵头物色董事九人，拟定章程八条。章程规定对不孝父母公婆、不敬尊长者；对奸淫无耻者；对盗窃或窝藏者；对拐骗及诱人为恶者；对好赌博抽头者一律零容忍，不予照顾。可见他的是非界限和赏罚原则，这也是王淑浦早年村落自治的端倪。

除上面五方面外，王才运还出资购买了一支洋龙（消防器材），组织村人建立救火会。另外，从上海购买了一批常用药品，以供乡人使用。他还曾亲自为一个烂脚的贫苦老人敷药。王才运以朱柏庐先生的治家格言为范本，治家济世。他还将这些格言恭恭敬敬地悬挂于客堂，教育儿孙，告诫自己："积财于儿孙，不如积德于儿孙。"在他50岁生辰时，亲友们要为他祝寿，他一概婉言谢绝。

1930年春，王才运入股的上海中华皮鞋股份有限公司经营不善，面临倒闭，该店经理是王才运的堂侄。王才运闻讯急匆匆赴沪收拾残局，亲自担任经理，使公司起死回生，业务日益兴隆。承受着沉重的精神压力和过度劳累的他，心力交瘁，于1931年7月突患脑出血逝世，年仅53岁。这个中华商业第一街上的商会会长离别了亲人和他开创的荣昌祥。但他急公好义的高风亮节和诚信敬业的经商之道，永存世间，为后人怀念和瞻仰。在他归葬前，30多名国民党军政要员和宁波、奉化的著名士绅，包括蒋介石、孔祥熙、王正廷、王震、王文翰、张传保等，纷纷题像赞、怀念和颂敬。

在宁波服装博物馆筹建和运作过程中，笔者几次赴泸，拜访王才运先生的儿子王嘉振先生。王嘉振（1920—2007），原上海吴淞化工厂副厂长、民建会员、市政协常委、市工商联常委、上海市劳模。1946年毕业于上海大同大学化学系，1986年退休前为享受教授级待遇的高工、上海化工科技专家。王嘉振为人十分热情，曾带着家人三次来服装博物馆，与我们共同追溯历历往事，使我们深受教育。

6

老上海的中华皮鞋股份有限公司

脚是人体的第二心脏，鞋子是保护脚的，与衣着密不可分，称为"足衣"，需兼顾健康与美观，既要观瞻漂亮，又要舒服，才能足下生风。

辛亥革命前夕，在革命党人竭力提倡剪辫易服放足的潮流之中，国人的衣饰、鞋履、发型紧跟时代，弃旧图新。人们纷纷抛弃不合时宜的三寸金莲和千层底鞋，多崇尚布质便鞋、回力球鞋和各种皮鞋。在旧中国中华商业第一街的上海南京路上，有一家中华皮鞋店。这家皮鞋店是由宁波人顺应时势创办的，至今已经有100多年历史了。

余华龙（1894—？）宁波奉化人，民国初年（1912年）在商务印书馆任职，1916年进美商华革和皮鞋行。他是一位社会贤达、爱国绅士，1919年起，历任南京路商界联合会代表、副会长，后任租界纳税华人会常务委员。1917年7月，余华龙选定南京路抛球场附近的河南路东边，开设了中华皮鞋商店。当时抛球场一带洋楼耸峙，店铺林立。一些著名的皮鞋商店都是外国人开办的。比如有美国人的惠罗公司、华政和皮鞋商店，有日本人的太阳皮鞋商店，德国人的SS皮鞋商店和俄国人的美高皮鞋商店等。这些皮鞋商店各自为政，都想一决高低，霸占市场。

余华龙将皮鞋店冠名"中华"，表示中国人自强不息的精神。这获得了同行们一致赞扬，以后，都亲切地称其为"中华公司"。该店以南京路为总店，北四川路店为支店。余华龙为总经理，李平君为副经理。1918年4月，为节约开销，他们将总店迁至泥城桥东。"中华公司"出品的皮鞋，价格低廉，式样精致又具有世界流行的一些款式，适合与西装配伍。

但"中华公司"的发展并不顺利。1925年，上海发生"五卅惨案"。在汹涌澎湃的反帝浪潮中，在社会上有一定威望的余华龙，带领华人参加罢市达26天，宁愿牺牲既得利益，也要与殖民主义者针锋相对。罢市运动产生了影响，也产生了同业之间的激烈竞争，中华皮鞋商店处境困难，举步维艰。余华龙作为一位有名的社会活动家，他无意因经商而牵连他的社会活动，权衡再三，将商店以6000银圆盘给了他的同乡好友——荣昌祥呢绒西服号店主王才运。

眼光独到并具远见的王才运，爱国敬业，决定增强实力，以利发展后劲。在资金投入方面，他邀集志同道合的朋友参股，集腋成裘，共筹集股本10000银圆，并将店名更改为中华皮鞋股份有限公司。公司成立后，王才运又把自己名下的6000银圆股份平分成三份，把其中两份分送给他的堂侄王辅庆和王飓庆，自任董事长，委任王飓庆担任经理。不久，王才运又在"中华公司"对面开设了"大华""大东"两家分店，以后又在北四川路桥堍开支店，注册了商标。在虹口提篮桥开设了华大皮行，各类皮具应有尽有。公司既有皮鞋成品，又有制鞋原料。中华皮鞋股份有限公司楼上是工场，楼下是店堂；大东皮鞋店，为方便职工，楼上设为职工宿舍；大华皮鞋店楼上是削制鞋楦的工场。如此产销一体，有利于生产和经营，也便于随时为顾客服务。"中华公司"以中国人的骨气和志向，适应市场需要，扩大经营范围，争做中国皮鞋业之星。

中华皮鞋股份有限公司经过王才运的精心培育，以独特的服务风格、新颖的款式、高质量的产品吸引中外顾客。

当时做皮鞋的面革采用纹皮，是由德商美最时洋行经销的。这种纹皮的特点是皮质厚、皮身软，表面细腻光滑，品相和质地都为上等，按中国传统有"福""禄""寿""喜"四种字号，即是一、二、三、四四个等级。除了

"福"字号纹皮是由美最时洋行供其在国内外的商店自用外，"中华公司"以其资本优势，垄断了"禄"字号纹皮，双方订立长期合同，从此，市面上没有第二家商店能有"禄"字号纹皮经销。因此，在皮鞋最重要的面革上，"中华公司"很有优势。除此以外，中华公司还注册了商标，成功地制成了"人鞋牌"的名牌皮鞋投放市场。其夹里采用优质柔软的羊皮，表里一致；皮鞋底料采用美国产的"花旗方张"，其特点为轻软、坚韧、弹性足、耐摩擦，做成的皮鞋穿着舒服、轻便、耐磨；制皮鞋的麻线是意大利天佑洋行经销的麻线和美国的手牌麻线，耐腐蚀、不松脱；鞋楦则是从英、法、意、捷、美、苏、德七个国家进口的弹簧楦，富有弹性和稳固性；皮鞋的款式是从七个国家进口的样本中挑选出来的，还每年从外国进口二三十双不同款式、不同颜色、不同皮质的皮鞋，作为样品进行解剖、分析，以人之长，补己之短，平跟、低跟、高跟，琳琅满目，从中吸取工艺改革的经验，提高技术操作水平。

王才运还不懈追求品牌效应，从 20 世纪 30 年代起，"中华公司"把握商机，以适销对路的定制皮鞋，一举成为上海滩最有名的华人皮鞋店。"中华公司"以做女鞋起步，精益求精，名闻海内外。

"中华公司"的皮鞋在上海号称"汽车阶层的皮鞋"，一语道破其消费阶层主要是社会名流、知名人士。其实要想得到这些人的认可是极不容易的。虽然这部分人，人数不多，定制有限，但毕竟其身价与众不同。"中华公司"兴盛时，拥有生产工人 150~200 名，每天皮鞋订货在 100 双以上，年产 3 万 ~ 4 万双。从这些数字中可以看出"中华公司"皮鞋的美誉度。"中华公司"的皮鞋在设计和管理上形成了一套比较科学、完善的制度。比如皮鞋制作关键技术之一的鞋楦，同一种尺码可分为"A、B、C、D、E、F"等多种型号，这不同的型号，粗看变化不大，相差无几，却可以根据各种鞋楦，定做不同脚型的皮鞋。他们设立订货登记簿，凡定制皮鞋由顾客选定样子，根据各人的脚型，削制楦头做好原始记录，何种鞋楦、何种制作，都一一记录在册，进行编号，并保存原样原楦。五年十年以后，当这位顾客再次定制时，不需本人前来，只要根据编号找到为他保留的鞋楦就可照样复制，保证本人满意。这种负责到底的做法，当然吸引了越来越多的顾客。

"中华公司"出品的一款皮鞋

在建立健全、细致的制鞋档案资料的同时，"中华公司"还实行电话服务上门定做、试穿、送货到家等一系列的优良服务项目和真心诚意的优质服务，实行包修、包退、包换，包穿，使每一双皮鞋，舒服合脚，在社会上取得了声誉。

"中华公司"奋力拼搏10余年，有了10余年的资本积累，理应一鼓作气，寻求更大的发展，但实际上却事与愿违，好端端的一家公司被个别人糟蹋了。

王飐庆身为经理，照理应有所担当，全身心扑在事业上，把公司做大做强。但是他人在其位，工作却不认真负责，一味追求吃喝玩乐，长期挪用公司资金。如此一来，致使财务状况每况愈下，到了1929年，"中华公司"濒临倒闭。1930年春，消息传来，这给已返故里，在奉化老家的王才运当头一棒。王才运迎难而上，心急如焚地赶回上海收拾残局。一方面，他资助王飐庆2000银圆，让他去汉口另谋生计；另一方面，他自己坐镇公司，辛勤整顿，里里外外，理顺关系。经过一年的苦心经营，终于使公司起死回生，恢复了以往的兴隆景象。但王才运却因劳累煎熬，在1931年7月突患脑出血逝世，享年53岁。王飐庆于1933年回到上海，继续担任经理。1944年，王飐庆动用公司资金开设的顺兴银号，因股票倒账，又造成"中华公司"资金陷入困境，无可奈何之下，王飐庆只能将分店盘给重庆参行。至此，股东们不愿再度受其牵连，不得不忍痛割爱，快刀斩乱麻，将股份以象征性的代价让给王飐庆个人所有，离开了这个是非之地。

　　新中国成立后，"中华公司"仍保持着传统特色，还在上海大厦内特设高层次供应网点，专门为各级首长和国际贵宾服务。1950年后，随着市场的调整变化，"中华公司"自设的制鞋工场停办，改由王飐庆的门生徐士义所办的杨桂山皮鞋工场替代，仍保持选料讲究、配备多种楦头、定制各种不同皮鞋、精工细作、保持不走样的特色。但由于商店失去了自设工场，中间环节不能很好地衔接上下游的生产需要，工商之间不能很好协作，生产工人少，产量低，供不应求，远远不能满足门市的需要。

　　1961年，"中华公司"的皮鞋店被确定为特色商户，品种以男式包头皮鞋为主。"文革"中，杨桂山皮鞋工场并入北京皮鞋厂，"中华公司"的皮鞋店特色全部消失，王飐庆、徐士义也在"文革"中先后去世。

1998年4月访问王才运之子王嘉振先生

　　1979年恢复中华皮鞋店，生产经营KK牌优质皮鞋和中华牌男皮鞋。1982年，黄浦区政府打造金陵东路中华产品一条街，中华皮鞋公司再次在金陵东路开设分店。

　　"中华公司"虽然已淡出人们的视线，但是它一路走来的挫折与辉煌，作为值得汲取的经验和教训，有待我们深入研究。这中间，王才运的爱国精神与在皮鞋业的建树应该载入宁波帮史册。

　　（本文根据上海市黄浦区政协文史资料和对王才运之子王嘉振先生的调研整理）

7

裕昌祥和廉方先生

老上海西服名店裕昌祥

在号称中华第一街的上海南京路上，商贾云集，昔日有六家西服名店——荣昌祥、王兴昌、王荣康、王顺泰、裕昌祥、汇利，掌门人都来自奉化王溆浦村，被上海人亲切地称为"南六户"。南六户之一的裕昌祥，与荣昌祥隔着一条大马路，门户相对，隔窗相望。裕昌祥规模虽然略小于荣昌祥，却有其自己的经营理念和经营特色。店主王廉方先生是上海有名的爱国商人。

王廉方，上海商界和宁波同乡都亲切地称他为"廉方先生"。这一尊称的由来，一来是廉方先生是同业中的上一辈；二来是廉方先生急公好义，乐于助人，为人师表，故称先生。

20世纪初，王廉方告别生他养他的奉化江口王溆浦村，在堂兄王才运的帮助下，读完私塾，就被带到上海，寄住在荣昌祥。当时他虽年纪轻轻，却能写会算，习惯于左手算盘右手笔，就在店堂当了账房，记账、结账、盘存、核资，井井有条，滚瓜烂熟。几年后，他不仅算账一清二楚，且掌握了西服经营的门道。1915年春，王廉方拜别王才运先生，满怀信心地在南京路781号开设了裕昌祥呢绒西服店。此店四开间门面，中英文招牌，一楼做店堂，二楼做工场兼批发呢绒，三楼当卧室。一家人与雇用的伙计、艺徒们忙忙碌碌，努力打拼。

裕昌祥经理王廉方

裕昌祥始办时，专做西服，产品单一，与别的西服店一样来料加工或看样定制，兼营少量呢绒。

1911年10月起上海实行新服制，规定男子礼服分大礼服、常礼服，其帽和礼靴与礼服也分两种。如出席宴请、应邀陪舞等场合，都讲究以大礼服、晚礼服出现，以示风度和气派。这种黑色礼服，衣长前身与腹齐，后身与膝齐，前对襟，后下端开。裤子前裆开，用暗扣，上缘左右用挂扣。大礼帽，平顶，下沿略呈椭圆。常礼帽，圆顶，下沿同大礼帽。甲种昼用礼靴，长过踝，前上开，带扣；甲种晚用礼靴，上空留袜，前端缀黑缏；乙种礼靴，长及胫。礼靴皆黑色，用皮革制成，礼服内衬黑白两种马甲。这成了合乎潮流的打扮，在各种交际应酬中，商界和政界人士都纷纷效仿。一个普通的商人，穿上礼服，也仿佛摇身一变为士绅。同时，倡导改革烦琐的封建婚礼，简化仪程，并模仿西洋的婚礼服，新郎穿燕尾服，新娘披婚纱。当时上海著名学堂学生带头发起集体婚礼，时称文明结婚。政府官员破天荒地当证婚人主持婚礼。然而，这一袭礼服，尤其是号称大礼服的燕尾服，价格昂贵，只穿一次，就只能珍藏在皮箱底，实在可惜。

王廉方审时度势，别出心裁地及时推出婚礼服出租业务，得到了社会的欢迎。礼服分各种规格，黑呢礼帽、进口衬衫、丝绒领结、手杖等一应俱全。在《上海南京路商界联合会会刊》中有一则裕昌祥的广告：南京路云南路西，裕昌祥西服号，精制高等西服，……新到呢绒哔叽，出租结婚礼服。

经过几年的商场搏击，兴盛时候的裕昌祥，有职工 20~30 人，每逢旺季还得雇工加班。年复一年地积累，原始资本增长，王廉方有了雄厚的家底和社会信誉，他调整经营策略，将经营的重心由西服转移到呢绒生意上。那时做西装的面料，兴用呢绒。英、德、意大利、捷克和波兰等进口的呢绒是理想的上等货，羊毛含量高、颜色均匀又不易褪色，挺括不起皱。这些进口呢绒，包装十分考究，外面是厚纸箱，内衬铁皮箱，里外两层，防尘防潮。小箱内装呢绒 100 多米，大箱 200~300 米，以 30~60 米为一匹，质量始终如初，深受客户青睐。

裕昌祥批零兼营，各种花色的进口呢绒大批量源源不断，进货少则几千米，多则上万米，且看样订货，有的预付定金，期货交易，提货单一寄到，马上分头提货、发货，分本埠、外埠和门市三大部分销售呢绒。如此运作，店堂顿时兴隆起来，市内和市外的呢绒店和西服店成了大买主，来客络绎不绝，看样的、提货的、结算的，三五成群。裕昌祥财源滚滚，资本大幅度积累。

考虑王廉方的身体情况，1941 年，长子王嘉植在光华大学附中肄业，帮助父亲管理店堂，应付门市。王嘉植自幼生活在店里，对西服和呢绒业耳濡目染，从小接受长辈的教导，又比父亲有文化，不久便得心应手，毅然挑起大梁。

自从儿子接班后，王廉方既放心又称心，将精力集中于操办新兴产业和社会福利，如"茂昌蛋厂"（并股）、"大华氧气厂""药业银行""富华保险公司"等。他爱国爱乡，热心慈善，急公好义，德高望重，在沪奉两地留下了浓墨重彩的一笔。

声援华人纳税会

1921 年元月，上海公共租界的华人组织华人纳税会，函告公部局，推选五名华董作为顾问，进入工部局就职，为市民争权益，体现爱国心。外国列强推三阻四，企图取消纳税会章的某些条款。经过半年交涉，进展缓慢，以王才运为首的南京路商界联合会团结国人，奋勉促进。王廉方也挺身而出，大声疾呼，在几次会上，与余华龙、倪念先、万选青、费杏庄、王海永等发言，对华顾问就职问题，论是非曲直，义正词严，痛斥帝国主义，表现出强烈的爱国热情和大无畏的斗争精神。

组织南京路商界联合会

1919 年五四运动期间，上海南京路商人为声援学界，相约罢市。在双方冲突的危急时刻，别的商店听到枪声纷纷打烊上排门，王廉方却开门抢救罢市游行的学生，前门进，后门出，避免了许多学生受害。同年，王廉方奔走呼号，与王才运、陈励青、孙文安、余华龙、周宪章、倪承龙等发起组织南京路商界联合会，曾任副会长。在这期间，工部局声称消防车被阻挡，下令拆除商店的广告牌。王廉方带着商人代表到南京请愿，陈述理由，迫使工部局收回拆除广告牌的通告，维护了尊严和利益。商联会委员年有更易，他却每届与会。以后他又联络上海各路商联会，促进建立各路商界总联合会，倡议南京路商联会办夜校，以提高商人之文化知识，以后又竭力抵制日货，提倡国货。

1937 年 11 月上海沦陷，上海公共租界和法租界成了"孤岛"。日寇派飞机疯狂轰炸闸北、南市区，大批难民流连失所，有的死里逃生到租界避难。王廉方与热心人士一起举办难民收容所救济，以后又为抗日的十九路军办过伤兵医院。他几次冒着呼啸的子弹，抢救受伤战士，解决衣物食品。表现了一个商人的爱国胸襟。

资助奉化孤儿院

王廉方虽羁旅外乡，却始终关心奉化的社会公益，尤其热心慈善事业。1926 年 4 月，奉化在育婴堂的基础上创办孤儿院，王廉方闻讯带头认捐，以后从 1930 年起，每年资助。该孤儿院以忠恕勤俭为院训，开展勤工俭学，培养了一批又一批孤儿。同时，王廉方又捐款助田资助家乡的溆浦学堂。在他担任奉化旅沪同乡会会长时，自始至终帮助社会弱势群体，扶贫济困。后来他又投资鄞奉汽车股份公司，促进家乡的交通运输业。

筹建同业公会，兴办职业学校

据上海市工商联《上海市成衣业同业公会全宗简介》《上海市西服商业同业公会全宗简介》和上海通志馆《上海市年鉴》（1935 年版）介绍，1931 年 7 月，设在上海虹口北长生公所的新服业公会改组为西服业同业公会，王廉方是代表人。1931 年 8 月，该同业公会迁址贵州路逢吉里 602 号，王廉方依然是代表人，会员数 249 家。

1937 年，上海市成立了西服商业同业公会，王廉方出任公会主任。作为一个独立的行业公会，王廉方走马上任后，不顾事务纷杂和家业牵累，努力团结本业同仁，为促进西服业发展，付出了应有的努力。1946 年 3 月，借宁波旅沪同乡会会所，成立了"上海市西服商业同业公会"，经民主选举，61 岁的王廉方出任理事长。在两年的任期中，他信守"独木不成林，店多就成市"的古训，虽已届花甲之年，在王宏卿、陈汉泉等 17 名理事或监事的配合下，经常出入南京东路大庆里 40 号会所，对公会下设的西服组、海员服装组、调查科、财务科、总务科和同业福利会、劳资协调会进行指导。他任劳任怨，经常抱病工作，四处奔波，为维护同业的福利和业务的开拓，做出了贡献。两年以后，他虽然不再担任同业公会理事长，仍然兢兢业业，关心和支持公会的重大事务。在王宏卿等创办上海市西服工艺职业学校时，他捐款1120万元法币，作为建校基金，不收回报。后来得知学校开办经费紧张，购置设备困难，他又亲自出面到先施、新新、永安等南京路上的四大公司协商，恳请他们慷慨资助。

王廉方先生出身贫寒，饱尝忧患，一生勤俭持家，平时都穿中装，只有到日本去时，才做了一件开司米大衣。他经常意味深长地告诫子女，要艰苦朴素，安分守己，办事要守信用，待人要讲诚恳，不许投机取巧，欺诈设局，不能沾染赌博恶习。他关照全家来往账目要清楚，日常开销要省吃俭用，不讲排场滥用钞票。而对有困难的同乡和同业，他历来慷慨好义，成人之美。

据《申报》1935年7月12日报道，王廉方以总参谋身份出席奉化旅沪同乡会第六届征求会。以后，他被选为该同乡会筹备委员，在选举大会上为主席团成员报告会务。在改选职员时，他被公推为主席和副委员长，在第七届征求会上，被推为委员长兼主席。

永恒的和昌号

2003 年 4 月，宁波服装博物馆和宁波服装学院在编写《红帮服装史》之际，在初步确认上海第一家西服店——和昌号时，发现需要解决一个关键性的问题，即江辅臣是不是和昌号的创始人。

据上海市档案馆馆藏的上海市西服商业同业公会史料，和昌号于清代光绪二十三年（1896 年）创设，地址在静安寺路（今南京西路）407 号，店主为江辅臣，大学文化程度，浙江奉化人。1937 年江辅臣曾任该同业公会主席。另外，一份 1946 年 3 月的"社会部上海商运指导专员工商团体调查表"显示，1945 年 10 月，奉上海市社会局委令，江辅臣与夏筱卿、唐琼相三人为整理委员，第二年江辅臣任同业公会理事，时年 48 岁。问题的关键点就在于年龄这一项。从 1896 年和昌号创设，到 1946 年，推算起来，前后是 50 个年头，也就是说如果江辅臣是创始人，1946 年他的年龄应为 70 多岁，而不是上述调查表中的 48 岁。如此明显的时间出入，意味着有两种可能性：一是和昌号的创设时间不是 1896 年；二是和昌号的创始人不是江辅臣。这一涉及红帮在上海开设第一家西服店的大事情，不能模棱两可。

2003 年 4 月 15 日，《宁波服装史》编委会召集会议，全体编写人员提交了各自完成的书稿和资料。笔者在会上提出了这个敏感又紧迫的问题。因为笔者在负责"红帮上海成名"这一部分的编辑工作，原来一直将和昌号作为上海第一家西服店来阐述分析，现在发现了关键的问题，这让笔者夜不能寐。

"一切结论产生在调查研究的末尾"，这句名言始终在笔者的脑海中闪现。笔者左思右想，认为调研才是解决问题的办法。江辅臣既然是奉化人，在故乡会不会留下了遗迹？究竟是在哪一个乡镇，哪一个村子，有没有后代？应该采用田野调查方法，实地调查，去伪存真，尽快得出一个正确的符合历史的结论。

出于对历史、对后人负责的态度，笔者拨通了罗蒙集团办公室的电话。集团办公室主任何崇校先生一向理解和支持服装博物馆，在电话中笔者分析说：江口镇前江村，村民多姓江。过去听说村中有洋房、洋龙（消防水龙）。邻近还有一个后江村，村民多数也姓江。江辅臣会不会是这一带的人？何先生的一番话，拨开了迷雾。笔者与何崇校先生约定第二天前往前江村，并邀请宁波服装学院的季学源教授同行。

和昌老板在家乡建造的小洋楼——守拙庐

4月16日，笔者联系上了前江村党支部书记江龙雨，电话中就获知前江村江姓的辈分排列有忠、良、辅、兴、明五代（"兴"应是"圣"，出自棠云的《江氏宗谱》），非常兴奋，尤其被其中"良""辅"两字吸引。

在江龙雨的陪同下，笔者和同伴一行三人驱车到了前江村。前江村距江口镇5公里，村子不大，新旧民居错陈。穿过一条村中小弄，看到一幢清水砖墙护围起来的小洋楼。楼的东侧，是主入口，双扇大门，铅皮包裹镶铁钉，上有石刻门楣，上镌"守拙庐"三个行楷大字，十分醒目。"守拙"显然是主人的谦辞。边款是该楼的建造年代（1934年）和题款人（金峰山人）。江龙雨说："这就是和昌号老板当年建造的洋房。"推门入内，迈步南侧天井，只见正门两旁分列罗马式的柱头，上有铁格花窗加固的玻璃木窗。楼下加空层的铸铁透气装置，磨石地坪及室内壁炉、浴室等设计，传递了70年前的建筑信息和房屋主人的生活情调。听江龙雨讲，从前洋房有400平方米大的庭院，名贵花木、假山水池点缀其中，水池旁还有一尊"苏武牧羊"的雕塑。每到初夏，水池中荷花恣肆绽放，鱼儿嬉戏，一派生机勃勃的美景。

守拙庐一旁，是一所学校，当年名为锦沙学校，由和昌老板筹建兴办。

学校原来平面布局呈"吕"字形，现在只剩水泥砌筑的围墙和两道大门，一道大门上留有"唯善为室"四个大字。在一幢二层教育楼的楼梯旁，存有一块石碑，黑底白字，比较醒目。石碑是民国十二年（1923年）镌刻的，碑额为"锦沙学校助碑"，距今（2003年）刚刚80年。碑文上半部十分清晰，下半部斑斑驳驳，上书"前江私立完全小学命曰锦沙，民国八年（1919年）由良通、良达二昆仲创议，邀同乡族人□①之□友等向族内劝捐，而则独出巨款，筑校舍，置地产，完成美事，办法遵照□六级，采用复式制。经费一节，每年由董事公议，量入为出，并逐年留积几许，以备不时之需。特此勒石，以保永远助户列后。"在助户姓名的第一项刻道："江良通、江良达，助田123亩，又助银16000元。"

凝视这方碑碣，大家不约而同地庆幸它逃过历次政治运动的劫难，并由衷地赞叹，敬仰和昌老板慷慨解囊、重教兴学的模范行动。从这所学校的奠基时间看，应该是辛亥革命成功之后，中国废除科举制度，各地兴办新学的产物。

在访问中，从老一辈村民口中获悉，江良通就是江辅臣的父亲，江良达是江辅臣的叔父。陈万丰也回忆起，寻访到的许多红帮史料中，的确有一位叫江良通的红帮裁缝，早年曾经与王溆浦人王才运的父亲王睿漠东渡扶桑，学习洋服工艺，19世纪下叶回国后，滞留在上海，从开西服作场进而开西服

————————

① 碑上不清晰的文字。

店铺。这样推算，1896年开设的和昌号的第一任经理应是江良通。江辅臣则是接过父业，继续经营。

江辅臣毕业于法国教会学校——上海圣芳济学校。查找《上海掌故辞典》，圣芳济学校创办于清代同治十三年（1874年），1880年初具规模，吸收部分中国学生，1884年学校迁移到新址，1901年该校正式成立中国部。调研发现江辅臣是在1901年后进入圣芳济学校的，是该校中国部的第一批正式学生。江辅臣毕业后，辅佐父亲，成为红帮一员，是红帮队伍中具备高学历的人才代表。这也充分说明红帮目光远大，十分注重智力投资，培养接班人，并注重提升行业的文化档次，具有引领服装时尚的抱负。

季学源、陈万丰、俞存亚三人抄完碑文后，又从江龙雨和村长江建伟那里了解到，江良通、江良达兄弟发迹后，在故乡前江村扶贫济困，出资兴办种种善举，并建章立制，让族人和村民从中受益。他们办学校、拨助田、设义庄、建凉亭、造桥梁，还照顾族人中一些鳏寡孤独等弱势群体，每年给谷赡养，直到天年。凭着办学者的学识眼光，锦沙学校开学后，规定凡前江村学龄儿童上学一概免书学费。学校还开风气之先，教师和学生中均有女性，并建立了一支童子军和鼓乐队。课程则一改八股文而教白话文。周围的10多个村子，如盛家、蒋葭浦、后江、郑家埭等，凡要求来锦沙学校上高小的，一概欢迎。

作为和昌号老板的故居、锦沙助学碑的第一批调研者，陈万丰一行收获很大，也感到无比欣慰。

一边是历史，一边是未来。百年前开设在上海南京西路的和昌号西服店已不复存在，只留在人们的记忆中。然而，和昌老板的故居挺立至今，锦沙助学的事迹一直在奉化江口一带传颂。

和昌号是永恒的。

追忆王荣康呢绒西服店

旧上海南京路上 865 号，有一家王荣康呢绒西服店，是奉化江口王溆浦村人王来甫于 1922 年 2 月开设的，被称为"南六户"的西服名店之一。

王来甫出身农家，10 余岁离开故乡到上海学做生意，专攻西服。在堂兄王士楚、王芬来两人合开的荣康西服店当学徒，王芬来早年在堂兄王才运的荣昌祥当裁剪师。王来甫在荣康成长。也许是因为这一层缘由，王来甫后来将自己的店取名为"王荣康呢绒西服店"。从王荣康开业起，王来甫就加入了宁波旅沪同乡会，并作为赞助会员，与裕昌祥、王兴昌、荣昌祥等一起资助同乡。近百年来，王荣康经历过兴盛的愉悦，也尝过沉沦的苦涩，栉风沐雨而独具风光，受到人们的追忆和爱戴。

王荣康第二任经理王嘉明先生

王荣康的发展，主要在辛亥革命后至抗日战争前夕这个历史时期。这个阶段，王荣康历经了国内服装市场从开始倡导服制革新，尽易旧装，到十里洋场掀起西服热，给西服业带来了前所未有的机遇。

在驰名中外的上海南京路上，王荣康的四开间门面，店堂亮丽，里里外外合潮流装潢。这个地段共有 251 家商店，毗邻四大公司（先施、永安、新新、大新），高高耸立的高楼大厦，纵横交叉的水泥马路，车水马龙，人流如织。想在这寸土寸金之地立足，必须承受住来自各方面的重重考验。当年，不但有层出不穷、光怪陆离的洋货与国货争抢市场，还有"佛要金装、人要衣装""只看衣衫不看人"的处世哲学，迫使这条大马路上的商品必须常常更新。

王来甫的儿子王嘉志，1940年刚满17岁，奉父命到四川路上的齐丰泰西服店学徒。这家西服店由镇海人齐庶民所开。王嘉志从小机灵聪颖，勤听师傅们的谈论，多看裁剪师的动作，不懂就提问，日积月累，以超常的毅力和记忆力，掌握了西服缝制的诀窍。别的学徒至少学三年，个别的更长，他只学了10个月，就早早地担当起家庭的重任，在南京路强手如林、激烈竞争的西装店中，他算是最年轻的老板、最出色的小开。

为了在竞争中立于不败之地，父子俩胸怀抱负，把握国内外服装发展趋势，根据脚下这块土地的"生存法则"，选择自己的定位与目标。

一方面，将坚守诚信作为第一法则。"人而无信，百事皆虚。""欲求生富贵，须下苦功夫。"王荣康信守货真价实的生财之道，以诚信守诺在顾客中赢得信誉。该店历来一是一，二是二，不偷工减料，不以次充好，不赚坑人钱、昧心钱。从西装用料的选定，到相应款式的设计，都逐个斟酌；面料的缩水处理，辅料的挑选，包括缝纫的材料都全面仔细把关；扎驳头、钉纽扣等一律采用丝线，牢度强又不易褪色，从而确保高档西装经久耐穿。许多老客户，往往祖孙三代都在王荣康制衣。

另一方面，注重人无我有，讲究特色。王荣康除缝制西装、大衣、中山装等一些社会大宗产品以外，兼备琳琅满目的衬衫、领带、礼帽等。其制作的衬衫的领子，想顾客之想，可以脱卸、清洗、更换，从而可以避免由于衣领弄脏或破损而掷掉整件衣服，因小失大。另外，王荣康还有一些服装制作上的小窍门，例如做上衣时，面料、夹里、衬头三样一步到位；裤子的腰围可以放大缩小，事先为客户考虑好因各种原因造成的腰围变化，比如年龄增大、生活改善，并做周密的测算和合理周到的设计。如此，从小处着眼，大处着想，受到了用户的喜爱。在服装制作的品类上，也有超常规的做法，即定制律师制服。这种衣服模仿国外款式，用黑色上等绸缎缝制，外形别具一格。胸前镶两条银色的宽丝带，显示律师的风度和正气。时值国中之国的列强租界扩建，工商业破旧立新，各种法律先后出台，律师骤增，这种职业装较为畅销，而上海能做这种服装的店家较少，这为王荣康带来了不少机会。

第三方面，讲感情重人脉。多年来，王荣康拥有一批固定的客户，如在圣约翰大学求学的宋子文、颜惠庆、王正廷、郭林双等有名气的高才生，以及工商巨子、文艺明星、银楼职员、医院医师等，这些白领阶层，往往从爷爷辈到孙子一代，都认定王荣康。王荣康也看准老买主，双方建立了友情，并且一代接一代。这些老买主的传播，比做广告还奏效，吸引了一批批客户，服务圈、朋友圈的直径不断增长，辐射面进而扩大。

抗日战争时期，王荣康遭遇了困境。父子俩把目光盯住国民政府的陪都重庆。生意人做生意，依靠的是广泛的社会关系。有句老话说"在家靠父母，出门靠朋友"，为了在重庆设立分店，他们依靠多年的老客户——四川省主席刘湘的关系，在重庆安营扎寨，在重庆陕西路开店，并设总店与分店，这成为王荣康创业路上的一段插曲。

在西装定制的主导产品以外，王荣康也做呢绒买卖。根据市场需求和花样预测，通过多种途径，拓宽进货渠道，将刚从外国轮船上提取的成批呢绒，转手卖给中小型批发商。订货、验货、提货、售货，尽量压缩周期，货物一到，马上转让，及时结算，这样一来，店堂的死钱变活钱，资金流动快，转换频率高。西服制作与呢绒销售双管齐下，王荣康的资本日积月累，逐渐雄厚。

抗战期间王荣康迁移重庆的广告

新中国成立后，王荣康与其他西服店一样，参与缝制人民装、青年装、列宁装、中山装等社会大宗产品。1956 年春，根据商业部和上海市人民委员会的意见，上海动员一些商业人员支援新兴城市的建设，以满足国家兴办的重工业项目和前来支援的外国专家的需求。甘肃、青海、新疆等省份的商业厅到上海洽谈，物色了迁到兰州的商店 17 家、商业人员 950 人，由一名商业局官员带队。这 17 家商店中有王荣康、培琪、红花三家西服店和信大祥布店，额定通体外迁，所有设备清点包装，员工整装待发。同年，以支援大西北的 108 名服装业职工为主，成立了兰州被服厂，这为后来甘肃服装工业的发展奠定了基础。从温暖舒适的大都市，迁往人生地不熟、生活又艰苦的大西北，无疑是一大转折，也是一个大考验。王荣康到达兰州后，店址被安排在和平路 651 号，左右紧挨一同迁往的信大祥和大中华饭店。

鞭炮声中，"王荣康呢绒西服店"这块上海的老牌子在兰州高悬。当地的政府官员、接待外宾的友谊饭店的宾客、工矿企业的外国专家纷纷慕名登门，量体裁衣。一时门庭若市，应接不暇。

　　"文革"时，王荣康蒙难，一度迁移到兰州南关什字，并更名为上海服装商店，以后，又恢复老字号，店搬原址，终于步入服装生产的快车道。

1956 年从上海迁到兰州的王荣康西服店

10

承前启后王宏卿

1925年5月末，上海南京路发生了震惊国内外的"五卅惨案"，爱国学生和穷苦劳工惨遭日寇屠杀。距离惨案发生地不远的荣昌祥呢绒西服号店主王才运和外甥女婿王宏卿，对此悲愤满腔。南京路商界联合会率先罢市，声援爱国反帝斗争。为了不做亡国奴，维护民族尊严，抵制洋货，王才运打定主意，毅然弃商归故里。经过反复考虑，王才运把荣昌祥沉甸甸的重担交给王宏卿管理。

王宏卿

王宏卿，1900年生于奉化江口镇王溆浦村，15岁到上海，在王才运开设的荣昌祥呢绒西服号当学徒，学习西服缝制技术，3年后满师，留在荣昌祥，在一楼店堂当一个普普通通的营业员。王宏卿方正的脸庞，机灵中蕴含着刚毅。从店堂跑腿这个工作平台开始锻炼，王宏卿既遵守铁规，又热情接待顾客，笑脸迎送，老顾客与新买主，都一视同仁。他认真办好每项业务，大事小事一概妥善处置，虚心谨慎，年纪轻轻，却老练稳重，受到了员工们的称赞。王才运对他也暗暗督促。严师出高徒，王才运在"五卅惨案"发生后的危急关头，将王宏卿推到经理位置，放到风口浪尖上锤炼。王宏卿不辜负信任，在恩师与上一辈人面前，许下诺言，掷地有声。

王宏卿送别王才运后，面对部分员工的担心，和南京路上左邻右舍的猜疑，深感使命重大。他洞察服装市场，结合荣昌祥的运作实际，反复判断策划，多举措稳定大局，成功地走活了三着棋。第一着棋是取消利润薄又烦琐的西服附属品业务，集中资金和人力，专攻西服品牌，在业务、质量和声誉上大做文章。第二着棋是改进经营管理，广开团体制装业务。他凭着自己广泛的社会关系网络，接纳了成批的铁路工号衣和航空学校的学生制服的制作业务，以后又拓展到大批的军用服装的制作业务。这些业务渠道一经疏通，可谓是源源不绝、蒸蒸日上。第三着棋是扩大呢绒批发。当时上海各商号的西服原料主要由西服业公会呈报主管机关，由主管机关指令有关单位和毛纺呢绒公会予以配售。少数规模大的公司和店号，如培罗蒙、王顺泰、王兴昌、伟勃、裕昌祥等直接向国外订货，一般会员店铺承制来料加工或兼备"套头料"。这实际上是上、下游产业链的关系，一环紧扣一环。王宏卿立足上海滩，放眼全中国，为各省市数以百计的西服店铺提供充足且高档的进口呢绒等货源。一进一出，一来一去，闪亮登场，既方便了用户，又激增了批量业务，实现利益最大化，使荣昌祥持续保持兴旺发达势头，成为上海西服业之冠。据 1926 年 4 月 27 日的《申报》载文"荣昌祥近闻"："南京路新世界对面荣昌祥号，由王宏卿接理后，对于内部整顿，极为完美，呢绒哔叽，均向美、德、法、奥各国著名呢厂定购，所请技师，均高等名手，式样仿欧美最新式者。又闻国货一部，择优陈列，故营业较前盛旺。"

1932—1933 年间，广东一巨商筹建大新公司，择址在南京路西藏路口（市百货公司前身）这一地块，包括荣昌祥店址在内，取得了房屋产权和土地使用权，强迫荣昌祥及其他商店退租迁移。黄金地段怎可随便放弃，对此突发事件，王宏卿不畏权势，力挽被动局面，马上向法院起诉，毕竟道理在先，胜券在握。结果法院判决，由大新公司赔偿一笔迁店补偿费。于是，荣昌祥一边先迁至店的东边（即新雅饭店点心部的位置）临时营业，一边与南京东路 782 号一间三层楼的房东（即王星记扇庄的老板）协商，取得房东的同情与帮助。老天有眼，善有善报。荣昌祥从此在新址缤纷开张，借这块宝地挥动大手笔，书写大文章。

经过王宏卿精心设计与布局，新的荣昌祥在流光溢彩、人群熙攘的南京路上巍然屹立，独具一格。装修一新的店堂大门，只见门楣上横悬黑底立体金字招牌，大门两旁披金挂银，置起落地大玻璃橱窗，营业厅内灯火辉煌，试样室、账房间、经理室、裁剪间、缝制工场一应俱全，从一楼大厅延伸至二楼、三楼，气派非凡。在追

王宏卿出任经理时的荣昌祥店面

求硬件上的体面和时髦的同时，王宏卿重视教育培训，舍得投入资金，派遣蒋月卿作为技术骨干，远赴日本学习西服专业技术，让其回国后在店内介绍传授，提高职工的技术素质。名师出高徒，荣昌祥先后培养出林天石（后任志翔服装厂经理）、蔡和鸣（后任中国皮鞋店经理）、李舜耕（后任景华西服商店公方经理）、胡沛天（后任春秋服装上的公方经理）、水永铭（后任上海丝绸公司批发部负责人）等30余人。另外，荣昌祥长期向欧美国家订购时装样本，分发给同业客户，帮助大家获得西洋服装的最新信息，汲取世界流行款式，从而共同提高。荣昌祥每年派员去清华、燕京等大学量身试样，为出国留学生制装，为国争光。如此等等，有力地提高了荣昌祥品牌的工艺质量、造型款式，使红极一时的荣昌祥再创辉煌，再展宏图。

抗日战争期间，连天烽火从北国迅速蔓延到东海之滨，上海沦陷，芸芸众生流连失所、怨声载道。具有强烈爱国情感的王宏卿夜不能寐。他仔细权衡，调整策略，兵分两路，寻求转机。他将荣昌祥交给师兄李国华（舟山人）

管理，自己会同周永升、莫高明等志士同仁，转移到抗战内地，筹建华商被服厂，既发扬经营和技术的长处，又为抗战出一分力量。华商被服厂与许多同行一起冒着日军的炮火，在夹缝里求生存。为避免敌人轰炸，工厂流动作业，有时日夜兼程，先后辗转香港、桂林、柳州、汉口、贵阳、重庆等地。王宏卿从不认输，不顾旅途的艰险和身体的疲乏，坚信自己的正义事业，组织生产大批量的服装、被褥、水壶、皮带等军需用品，供给浴血奋战的抗日部队，支援持久抗战。

1945年8月，日本侵略者无条件投降后，阔别上海8年的王宏卿与内地接收人员一起回到他心心念念的荣昌祥。此时，战火平息，不少外商重返上海，洋行、银行等相继恢复，各种光怪陆离的洋货又充斥市场，服装行业呈现畸形发展，西服成为市场抢手货，西服业营销急骤猛增。上海黄浦区西服业扩展到92户，从业人员有729人。社会上通货膨胀，币制贬值，投机商囤积居奇，人心焦虑，市民轻纸币、重实物、贮金条。市场上杂乱无章，抢购风不断出现。王宏卿接替李国华，重新当荣昌祥一把手。他一如既往，悉心梳理内部，重整旗鼓，传统的经营特色再度凸显，营业额大增。为适应市场需求，他试制成功泰山牌雨衣，又在南京西路56号创办光华皮鞋店，使"足下之光"名扬上海。两个新项目上马，且旗开得胜，使荣昌祥形成了以西服为龙头的经济综合体，业务量飞速回升。

1947年，在上海市调整西服商业同业公会的时候，因其业绩和为人，受西服业同行一致钦佩，在民主选举公会理事时，王宏卿由首席常务理事被推选为理事长。此后，他的活动内容除尽力发展荣昌祥外，还兼顾全上海近700家西服业的生死存亡。根据上海市档案馆珍藏的原始史料，王宏卿走马上任后主要做了四件好事。

一是统筹会务。1928年时王宏卿是宁波旅沪同乡会的赞助会员。1940年，上海西服业同业公会作为独立自然行业公会，会址设在公共租界贵州路逢吉里 12 号，1942 年迁移至云南路大庆里 40 号。1946 年 3 月 18 日，借座上海西藏中路宁波旅沪同乡会成立的西服商业同业公会，有会员 408 家，选举王廉方为理事长，下设西服和海员服装两个组。时任常务理事王宏卿和另一位常务理事陈汉泉一起，支持时年 61 岁的理事长裕昌祥老板王廉方的工作。1945 年，同业公会有 458 家会员，其中甲等 92 家，乙等 87 家，丙等 114 家，丁等 127 家，戊等 38 家。他默默地与 11 名理事和 6 位监事以及 5 名工作人员同心协力，配合默契并不收报酬、不谋私利，经常兼任日常会务。翌年，王宏卿当选理事长后，同业公会沉重的担子就压在他身上了。众多会员希望抱团合力，他就紧紧团结名店业主，将其作为骨干中坚力量，并奔波上海市社会局、总商会，协调会员商店，解决劳资纠纷，借此缓和矛盾，形成共识与担当，为西服业的稳定与发展倾注了自己的汗水和智慧。据 1950 年 5 月上海市商业筹备会的公函，王宏卿又任西服商业公会筹委会主任委员。同时，合并了地址在林森中路 176 弄 5 号的上海市旧西服商业同业公会。

二是兴办学校。西服业旧属衣着业，店员和学徒大多出身工农和个体劳动者家庭，家庭经济情况较差，文化水平低，多数是小学程度，十四、十五岁就进店当学徒。王宏卿就一手操办了一所完全民办的职业学校——上海市服装工艺职业学校。学校于 1947 年 5 月筹建，选址北长生公所部分地块建造校舍，1948 年 6 月落成，9 月开学。王宏卿办校的初衷和以后的实施纲目十分清楚，是鉴于新兴西服业人才匮乏，不能囿于坐井观天、小我自足之愜见，培养技师中的优秀人才，向他们推介技术，以向国内外争取市场，发扬吾国艺术之光。在发起创办此校的过程中，王宏卿从统一意见、物色校董、征用土地、发动集资到议订大纲、开学准备，解决实习用的缝纫机、布匹等必需物资，夜以继日，全力投入。为学以致用，理论结合实际，学校破格录取富有事业心和操作能力的学生，聘用《西服裁剪指南》一书的作者顾天云为校长。王宏卿还带头捐款 3.35 亿元法币和一些大挂钟之类的实物。开学后，王宏卿与顾天云等校董开会,规定每星期日邀请各界知识人士临校训话。当时有20位名店经理先后两人一次赴校规劝学生、勉励教师。另外,试行聚餐会,餐费由参加者自掏腰包。餐会时大家各抒宏见,借资研讨,成效明显。

三是掩护中共党员。新中国成立前夕的上海处在黎明前的黑暗之中,国民党反动派残酷搜捕杀害共产党的地下工作人员。王宏卿以自己同业公会理事长的合法身份和地位,为地下党的活动进行掩护。他在荣昌祥的经理办公室,常有乔装改扮的地下党员出没,蒋本著、潘念先(新中国成立后任华东军政委员会办公厅主任)等人常扮成客户在这里秘密开会,研究迎接解放军进城、保卫人民财产安全等重大要事。王宏卿多次资助他们活动经费,为其解决燃眉之急。

四是发动捐款。1949年5月,上海解放,民众载歌载舞,一片欢腾。因消费对象发生变化,上海的西服业生意清淡,同业公会人事臃肿,陷入难以维持的局面。据上海市档案馆收藏的"上海市工商业联合会筹备会公承",1950年5月,王宏卿被聘为西服商业同业公会主任委员。聘书由主任委员盛丕华(新中国成立前夕,参加民主建国会,新中国成立后是上海市工商联前任主任委员)、副主任委员荣毅仁(曾任中华人民共和国副主席、中华全国工商联主席)等签发。王宏卿拥护共产党领导,热情参与社会工作,曾被选为上海市人民代表、市政协委员、市工商联委员,并继续担任西服业同业公会主任委员之职。在抗美援朝期间,他身先士卒,宣传发动同业会员商店出资捐献飞机大炮,购买折实公债。以后他又自觉地接受社会主义改造,起了模范表率作用。

1958年,由于党内的错误路线,冤假错案降临王宏卿的头上。整整20年,不平等的处境压得他抬不起头来,使他悲愤交织。然而,历史是公正的,党的十一届三中全会召开后,他得以平反昭雪,恢复名誉。王宏卿1972年逝世,时年73岁。

11

抗战时期的华商被服厂

在中国人民的十四年抗战期间，在那艰苦卓绝的斗争中，全国军民众志成城，同仇敌忾，抗日战争终于以抗日军民的胜利、日本侵略者的无条件投降而告终。抗战期间，有 1600 万中国人被迫踏上西迁的漫漫长路。大批沿海实业家响应政府的号召将工厂迁往内地，大力发展战时工业。在那个烽火连天的年代里，宁波的红帮裁缝以炽热的情怀，用各种方式支援抗日武装，不舍昼夜，表现了强烈的爱国之心。祖籍奉化的王宏卿就是其中一位杰出的代表人物。

上海南京路的荣昌祥呢绒西服号是 1910 年开设的名店，这家店号主营西服，兼营铁路员工号衣、留学生服装、军服、雨衣等服装。

1937 年，日本发动全面侵华战争，占领华北后，妄图并吞中国。荣昌祥呢绒西服号经理王宏卿为了国家民族的利益，会同周永昇（汇利西服号经理）、莫高明（亨达钟表行经理）、毛钊炳等人决定组织生产军服及军需用品，支援抗战。于是他们在武汉创办了军用专业工厂——华商被服厂。始办时，内地资源缺少，连军服中需用的纽扣也无处着落，不得不自行设厂生产牛角纽替代。全厂上下，一鼓作气，生产了大量军服、军用被服、水壶等送往抗战前线。

1937 年 12 月，南京失守，日军得寸进尺，向长江上游进攻。华商被服厂见战事告急，从武汉取道粤汉铁路经广州迁至香港，在香港筲箕湾重整旗鼓，继续生产。筲箕湾地处香港岛的中心北岸之东。厂房背靠山峰，面临大海。工厂的技术及管理人员均由武汉迁移而来，工人部分从武汉随厂迁来，部分在香港就地招聘，但大部分则是从上海聘用来港的青年工人。在港生产的产品主要是军人的服装、被子、绑腿带、军帽和子弹带等。

1939 年，日军入侵华南地区，香港成了日军侵略的目标。华商被服厂见日军将要蹂躏香港，经研究一致认为迟走不如早走，尽快迁厂去内地。在滚滚炮火中硝烟弥漫，粤汉铁路被切断，中国的大部分地区遭到日军侵占，百姓妻离子散，城市千疮百孔。王宏卿又与大伙商议，将迁厂方向分为两条路线：第一路将缝纫机、钉纽机、锁眼机及其他机械设备打包后由香港用船从海路南下，绕过琼州海峡，先到越南海防，再从海防用汽车经镇南关（现友谊关）进入广西，再由桂林通过湘桂铁路至湖南省离祁阳只有 10 多公里的黎家坪火车站，再用汽车送至祁阳——华商被服厂厂部。第二路由自愿随厂迁至内地的工人组成。这些工人爱国热情高，愿意共赴国难，尽心尽力，支援抗战。他们不怕苦，不怕累，随身带着自己的衣被及工厂的部分小件物品，浩浩荡荡地从香港启程，先到九龙，再至广州。到广州后为防日军袭击，他们化整为零，分散行走，在这期间，断断续续乘火车和汽车，坑坑洼洼，一路颠簸，经长沙到达衡阳。次日又从衡阳乘火车抵黎家坪。厂方从黎家坪把他们接至祁阳厂部。这一路人数众多，还有一些跟随的家属子女，大家都怀着支援抗战、保卫祖国的爱国热情，冒着生命危险，千辛万苦才到达目的地。

祁阳地处湖南省南部，属内地的一个县，是一个丘陵地带。那里群山起伏，连绵不断。工厂厂房建在其中，易于隐蔽，可避免日机的轰炸。它东靠衡阳，南近零陵，西依白水滩市，交通方便，附近有湘桂铁路和公路四通八达，利于工厂的货物运输。

当时祁阳开了两家被服厂，一是国民党军需署开办的被服厂，二是王宏卿等办的华商被服厂。华商，寓意中华爱国商人，寄托着服装界志士仁人团结抗日的心愿。华商被服厂虽然是一家民办的工厂，但它的规模、设备都比军需署办的被服厂上档次、上规模。其厂房虽然是木材和茅草盖的简易房屋，但分散于各个山岙，一排接一排的，一眼望不到边。厂里自备用煤烧锅炉的蒸汽发电机。全厂照明、机械启动、空袭警报器等用电均自力更生。工厂的车间、办公室、仓库、食堂、宿舍等一应俱全。工厂设原料检验、裁剪、缝纫、钉纽、锁眼、成品检验、整理包装、发运等车间。从原材料进厂，到服装成品分期分批出厂，工序环节一环扣一环，实行一条龙作业。

华商被服厂的原料，抗战初期从上海、江浙两省采购，几经周折运到祁阳，后来日军为灭绝抗日力量，对纺织品严加管制，采购和运输不便，因此不得不就地取材。他们采用湖南当地产的白细布，经过厂里自设染坊加工染色，质量因而逊色，表面粗糙，耐磨性差。但在抗战期间，尚能如此维持生产，已属不易。为应付牛皮来源亏缺的难题，华商被服厂想方设法群策群力自设硝皮车间，将生牛皮制成熟牛皮，用来制作皮鞋、马鞍等皮革用品。

在抗战期间，为共赴国难，国共两党合作共事，一致抗日。八路军、新四军奋力抗战杀敌，鼓舞了全国人民的斗志。

华商被服厂生产任务很重，虽有1000多人、1000余台缝纫机，却天天全负荷周转不停，前方急需时，还经常加班加点，一天有时要干10多个小时，星期日有时也得突击。为了抗日，一致对敌，大家积极性很高，都不折不扣及时完成任务。产品通过附近的黎家坪火车站，整车皮络绎不绝地运往抗日前线。在祁阳不平凡的日子里，一群年轻力壮的工人们，为打败日本鬼子，为抗战出力，大家情绪高涨。第二次世界大战爆发后，日本为配合德意法西斯的战争行动，急于结束对华战争。他们一方面竭力扶植汪精卫汉奸傀儡政权，一方面成立中国派遣军司令部，策划新的军事进攻。他们首先瞄准的目标是湖南长沙，因为中国的第九战区指挥中心设在长沙。长沙又是中国中南地区的军事重镇，具有重要的战略意义。1939 年到 1941 年，中日双方几十万大军三次在长沙会战。1940 年，日本鬼子进行大扫荡，这些穷凶极恶的强盗，丧心病狂地经常出动军用飞机，到祁阳来轰炸，轰炸的主要目标是华商被服厂。祸国殃民的汉奸认贼作父，替敌机指引方向。罪恶的炸弹呼啸直下，毁坏了工厂，炸死了工人，王宏卿的二弟王仙卿也倒在血泊之中。在战火纷飞的日子里，为了保存有生力量，工人们同仇敌忾，带着缝纫机到附近农民家中继续生产，化整为零，使敌特难以辨识，保存了实力。

陈万丰与王宏卿儿子王汝珍在上海畅谈华商被服厂后留影

1942 年，军需署下令将华商被服厂收为己有，迫使王宏卿忍痛割爱，将该厂放弃。华商被服厂被低价收购，并入军需被服厂。王宏卿在结束华商被服厂后，去广西桂林市定居，并开办了义昌五金行，从上海选购五金以供内地抗战之需。1943 年，日寇垂死挣扎，攻陷长沙，沿湘桂铁路占领祁阳、衡阳、桂林、柳州。形势吃紧，王宏卿不得不由桂林出发，经柳州、贵阳到达重庆。1945 年 8 月，日寇无条件投降，王宏卿回到上海，继续经营中华百年老字号——荣昌祥呢绒西服号。

半个多世纪过去了，华商被服厂虽然已不复存在，但是这段可歌可泣的经历，令人久久难忘。而红帮杰出代表王宏卿等一批爱国志士，为了抗战所做出的努力和贡献，同样受人尊敬和怀念。

12

上海南京路商界联合会

上海南京路商界联合会是在五四运动前夕建立的商会组织。

1918 年 7 月，帝国主义在上海租界的政权机构——工部局骤加房捐，激怒了市民，群起反对，然惧于帝国主义之淫威，未敢明目张胆反抗。五马路的同芳居、河南路的裕昌等商店因抗捐惨遭巡捕镇压，不得已只能关闭商店，被迫拍卖店存商品，损失惨重。面对同胞的不幸和飞来的灾难，有正义感的中国人义愤填膺，尤其是同以经商为生的各商家，不约而同聚集在一起到工部局论理，义正词严地抗议他们的无理做法，并强烈要求在工部局增设华董参政，以防止类似事情的再发生。为迫使工部局接受这一合理要求，以红帮裁缝王才运为首的商界同仁相继罢市。随后工人、学生、罢工、罢课，也走上街头游行示威。租界当局恼羞成怒，下令戒严，巡捕、警察用枪柄和皮鞭驱散市民，勒令商店开市。在这紧急关头，王才运、陈励青、王廉方等连日参加学生联合会召集的会议，商量对策，认为坚持就是胜利。终于，前后 7 天的罢市、罢工、罢课斗争以中国人的正义战胜了租界当局的无理，以撤销公告而宣布这次斗争暂告段落。

经过这场斗争，王才运认识到"非有整个团结作正式运动不为功"，于是，他邀请在南京路开店的孙文安、余华龙、周宪章、倪承龙、沈耐烦等商人，聚集在法租界的洋货九业公会秘密开会，商议组织团体，形成合力，团结起来，一致对外。不料议决未半，被法国巡捕房获悉，派探捕干涉，与会者马上从后门撤出。很快，王才运等人又联络了潘冬林、金馥荪、俞国珍、杜椿荪等10余人，再在爱多亚路商业公司聚首商量对策，最后经讨论决定，集合各路代表，扩大组织力量，就设华董及允许设立同业行会一事再次向工部局提出要求。会后，上海总商会会长朱葆三，会董云台、沈敦和、闻兰亭、祝兰舫、宋汉年、杨小川、汤节之等人出面与工部局谈判调解，几经反复终于达成协议，先付清房捐，再设法在工部局增设华董。工部局在社会舆论的压力下，无可奈何地同意在各马路自行组织联合团体。斗争的初步胜利，极大地鼓舞了红帮裁缝王才运等人的士气。于是，王才运、王廉方首先邀请在南京路创业的余华龙、倪念先、陈励青等10余人，讨论筹建商界联合会之事，在取得共识的基础上议定了具体规章及组织实施办法。然后各商界同仁借位于福源里的报界联合会之所，召开全路店铺代表大会，通过商界联合会的章程。出席代表大会的23位工商界爱国商人，一致同意定名该联合会为"上海南京路商界联合会"，并推选王才运为会长，陈励青、周宪章为副会长，陈惠农等人为出席代表，还决定以大庆里南洋兄弟烟草公司俱乐部作为会所，择期召开成立大会。在宁波人牵头成立南京路商界联合会的影响下，1918年秋各马路的商界联合会纷纷宣告成立。"一矢易折，众矢难摧，处强权之世，不能不联合大众与恶势力相周旋，在帝国主义势力之下，更不能不团结同胞与帝国主义者相奋斗。"随后王才运等人乘势联络各路商界联合会，组建了上海各路商界总联合会，王才运被公推为会长。上海南京路商界联合会和上海各路商界总联合会的建立，大大激发了各商界的爱国热情。看到了众志成城的力量，各业商户精神振奋，纷纷出谋划策为维护自身利益和行业的发展尽责出力。

从1918年建立到1929年的十一届上海南京路商界联合会（以下简称"商联会"）职员中，宁波人郭挺生、方椒伯、徐干麟、余华龙、张子廉等先后被选为会长或主席。在他们的领导下，会员们团结一致与恶势力斗争，争取主权，推崇国货，保护民族利益，可谓"营公共之事业，致国家之强盛"，成绩卓著。

与此同时，各届商联会领导层从增强组织凝聚力、提高从业人员素质、参与社会管理等入手，做了一些力所能及的工作，得到了商界的认同与好评。

一、开办职工夜校

1918 年冬，王才运、余华龙、王廉方倡议附设夜校，专收会员商店的职员为学员，得到大多数会员商店的赞同，大家纷纷捐款，款项达 4000 元。第二年春，第一期夜校招生，得到消息后，各商店年轻职员争先恐后报名，唯恐失去学习机会。原准备在自己会所办的夜校因学员骤增容纳不下，不得已先迁到福源里 29 号，后迁移至牯岭路 16 号，再迁至白克路的上海公学堂内。夜校主要开设小学教育课程，立足于识字启蒙，灌输基本知识。1921 年元旦，在商联会召开的庆祝大会上，夜校学生表演化妆新剧《光明路》，由朱华德教师编排，颇受欢迎，掌声不绝。

二、维护社会治安

1923 年军阀混战，战火四起，市面萧条，盗贼伺机作案。商家人心惶惶，夜不能寐。6 月 30 日夜，会员商店邵万生南货号发生盗窃，并有店员死伤。商联会得知此事，立刻组织会员商店募捐，共募得近 500 银圆，抚恤死难者家属，慰问受伤者，还为其支付了医疗费用。同时，对奋不顾身追捕盗贼者，予以褒扬，赠送银表一只、银牌一方，并记录功绩在案。为预防类似情况再次发生，由商联会出面举办冬防训练班，还筹建由各商店年轻职工组成的特别巡逻队伍，既保护了商店的安全，也维护了社会治安秩序。

三、提倡国货

商联会的主事者清楚地看到，南京路货物的畅销与停滞，都始于国货。国货畅销，则洋货不入，而国货的畅销与停滞，与国家财源息息相关。在五四运动和"五卅斗争"中，许多商人抵制英货和日货，不与英国和日本人做生意，还组建了"提倡国货会"，为民族工业和国货销售开辟了宽广的通道。同时，出版特刊《商铎》，由蒋梦芸主编，每周出刊一次，至民国13年（1924年）停刊。

四、维护员工利益

20世纪20年代时局纷乱，军阀为扩军，四出拉夫。南京路商界也有一些年轻的职员被强行拉去，杳无音信。商联会为稳定人心，印发了千余份职业证，并报华界和租界当局备案。这以后，有了这张护身符，随意强拉征兵的情况有所遏制，凡佩戴职业证的员工，基本上都得到了保护。此外，为了丰富员工的业余生活，于1921年夏，商联合筹集部分资金，组织俱乐部，开展各类的娱乐活动。俱乐部内购置了气枪、台球、军棋、围棋等活动器材，免费让会员使用。业余时间，俱乐部内济济一堂，洋溢着欢声和笑语，有益于会员的身心健康。

五、组织罢市斗争

1925年5月30日，上海工人、学生上街游行，抗议日本纱厂老板枪杀工人顾正红，到公共租界时遭到英国巡捕的开枪射击。"五卅惨案"发生后，上海各界纷纷罢工、罢市、罢课，南京路商业联合会理所当然地参加了轰轰烈烈的反帝斗争。在王才运的带动组织下，商联会作为学生和工人的后盾，抵制英货和日货，与帝国主义展开了针锋相对的斗争。罢市开始后，万和样、汇丰、恒泰等红帮店号首先响应关门停业号召，接着140多家会员商店都积极行动起来，参加罢市。租界当局慌了手脚，恼羞成怒，用武力镇压，勒令商店开门营业。但会员商店置之不理。商联会时任第二任会长余华龙与工商学联合会代表怒斥工部局，强烈要求释放被捕华人、优待工人、惩办杀人凶手、抚恤死难者家属、赔偿损失、停止越界筑路等。此次斗争前后持续了26天。当年9月，宁波总商会发起建立中华爱国募金大会，南京路商业联合会成员单位踊跃参与，纷纷捐款，以助爱国。正如该会会刊指出的："南京路商界联合会成立在各路之先，而其成绩又在他会之上，在这期间，由于团体之团结、办事之认真，且其所办之事，俱系有益于社会。因此，其非仅有益于南京路商人之事，而且有益与全沪商人之事，以及全沪市民之事。他不待任何方面的请托而为之，也并不受任何方面的阻碍压迫而退缩。"

南京路商界联合会在近代上海政治、经济、文化产生了深远影响，其表现出来的爱国主义热情，应当为我们铭记。

附记：

1998年春，为查考红帮裁缝的史料，根据奉化江口王溆浦村保存的《王氏宗谱》的有关记载，我们专程去上海图书馆寻找资料。几经周折，我们终于找到了六十多年前出版的《上海南京路商界联合会会刊》。管理人员告诉我们，这是幸存的孤本。

打开扉页，首先看到的是当时上海工商界一些组织和名人的赞美题签。有上海各路商界联合会赠题的匾额"模范精神"、淞沪教养院敬存的匾额"惠我平民"、上海商界筹赈协会的"公鉴""慨惠仁浆"和方椒伯先生的题词"精神永葆"、邬挺生先生的题词"引导工商"。寥寥数语，言简意赅。紧接着在"力主争回市民权的运动中原动者"标题下，是23帧排列有序的照片。第一帧

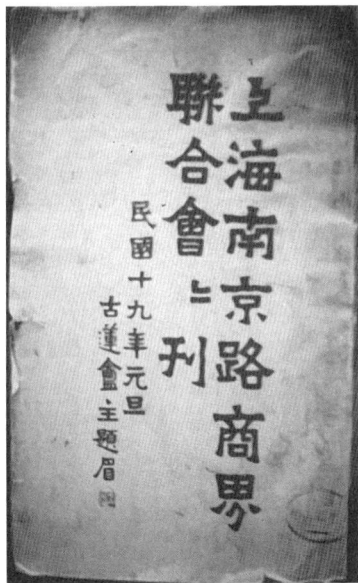

1930年上海南京路商界联合会会刊

椭圆形象框中的大照片下，三排宋体字赫然显现"本会发起人、第一届正会长、王才运先生"。王才运胖墩墩的脸庞，略露微笑，剪平头，穿中装。费杏庄有诗赞王才运曰："涵养功深本是真，几回相识几回春，如来抱定温和旨，谁似先生自在身。"

后续的照片还有张子廉、王廉方、司徒尚棠、乐辅成、周菊人、徐梅卿、张一麈、邬挺生、余华龙等，都是历届会长和执行委员，有戴瓜皮帽、着长袍的，也有穿西服、燕尾服和戴眼镜的，老、中、青都有，多是宁波的商人，他们一个个眉清目秀，精神抖擞。

王才运，奉化江口王溆浦村人，南京路西服业店号主事，荣昌祥呢绒西服号经理；邬挺生，奉化西坞人，曾任宁波禁烟监督、上海总商会董事、赴美商业代表、大陆报董事；张子廉，初学机织，后改枪匠，又入上海制造局，任竞胜机器厂第二厂主任及经理；方椒伯，出身镇海望族，创办天生煤矿公司、唯毛绒厂和宁波旅沪同乡会，历任上海东陆银行经理、中国通商银行南市分行经理、上海总商会会董、公断处长及副会长、纳税华人会理事长等职；徐乾麟，余姚人，任绍兴旅沪七邑同乡会会长、华洋义赈会会董、中国济生会会长，荣获孙中山先生颁发的嘉禾奖章；余华龙，奉化人，初为商务印书馆职员，后集资开设中华皮鞋公司，历任第二主任、经理。

旧上海南京路街道一角

13

以红帮裁缝为中坚的上海市西服业同业公会

1918 年 4 月，国民政府颁布《工商同业公会规则》和《工商同业公会规则施行办法》，1923 年 4 月，又颁布了《修正工商同业公会规则》。1926 年农商部改组为农工、实业两部，乃有农商部制定并于 1927 年 11 月颁布了《工艺同业公会规则》。这些以政府名义出台的文本，规范了社会上自明清以来的诸多行会、会馆、公所而演变的同业公会，顺应了历史潮流。在这中间，上海市西服业同业公会也登上历史舞台。本文试图将上海市档案馆的馆藏同业公会史料和近 3 年来的调查相结合，剖析这一以宁波红帮裁缝为中坚力量的同业公会的产生、发展及历史地位。

20 世纪初的上海已成了世界各国冒险家的乐园。随着租界地位的进一步确立以及外国统治的加强，西方侨民得到空前的发展。1890 年，上海有外侨 4265 人，1900 年，7396 人。他们在这里开厂设店，投资金融房产、通信运输、文化娱乐和教育出版，开展内外贸易。到 1914 年，租界第三次扩张，土地扩至 15150 亩，为初划租界时面积的 15 倍。1905 年，在上海的外国侨民为 12328 人，1910 年，15012 人，1930 年增至 58607 人，其中公共租界 36471 人，法租界 12341 人，华界 9795 人，比 1900 年增长了 8 倍。面临如此庞大的外国侨民，应他们的经商活动和生活起居的需求，宁波的本帮裁缝在这一关键时刻，丢下熟练的中装手艺，迅速转轨，改学制作西装。宁波这些裁缝审时度势，与从日本国和东三省等处络绎而来的红帮裁缝汇合，切磋技术，接触洋人，了解市场信息，纷纷在上海通过亲戚、同乡、朋友等种种关系，开设起一家家别开生面的西服店或呢绒洋服店。上海市图书馆地方文献部收藏的资料表明，1918年全市的西服店106家，1939年增至147家，1940年为213家，1942年为168家，到1949年统计，共有519家，几乎是直线上升。为联络乡谊，结成团体，维护本行利益，谋求一致行动，且遵循国民政府关于建立同业公会之文告，宁波裁缝于1927年11月筹建新服式同业公会，于1929年1月正式成立此会。嗣后，在1937年7月奉令改组为上海西服业同业公会。1942年8月，易名为上海特别市西服业同业公会。1946年4月又改为上海市西服商业同业公会。我们从上述几个名称更换中，可以看出万变不离其宗，即是一个制作西服的社会团体。

趋新革故是上海市西服业同业公会在自身20余年的发展中的一个突出成就。

我国的服饰，在封建制度的影响下，数千年来大同小异，袍服制贯穿全过程。人们的日常服装受封建礼仪和等级制度的重重束缚，来不得半点僭越。到19世纪中叶，鸦片战争以后，西风东渐，旧的文化观念向新的文化观念激变，出现新的时尚。辛亥革命的成功，使清朝廷土崩瓦解。于是，男子剪辫，妇女放足，大家脱下长袍马褂和袄裙"金莲"，沿海的通商城市率先接受西洋服装，开了风气之先。据《鄞县通志》记载："海通以外，商于沪上者日多，奢靡之习，由轮船运输而来，乡风为之丕变。私居燕服，亦被绮罗，穷乡僻壤，通行舶来品……往往时髦服装，甫流行于沪上，不数日，乡里之人即仿效之，有莫能御多！"真是大势所趋，势不可接。1917年，张勋一伙利用帝国主义和各派军阀之间的矛盾，公开上演了"丁已复辟"的闹剧。他率领了3000名辫子兵，从天津进入北京，抬出溥仪，改挂龙旗，自任首席内阁议政大臣，大权独揽。一时，在北京街头又出现了穿着清朝袍褂、脑后拖着真假发辫的遗老遗少，一片乌烟瘴气。上海商界反对张勋的复辟之举，拥护共和，尊重民国。复辟与反复辟，守旧与革新，展开了一场针锋相对的斗争。而站在潮头倡导服饰变革、引领时尚的上海红帮裁缝们，冲破传统观念的阻遏，不听邪说，坚定地为中国服装业缝制了一批批西装。如 1910 年，上海西服名店荣昌祥呢绒西服号为清华大学出国留学生制装。红帮裁缝在码头、工部局、洋行、银行、医院、教会学校等常来常往，逐步打开了市场营销局面，华人价廉物美的西服成了租界和华界上层社会的首选。这段时期，大约是在 20 世纪初叶。在这个起步阶段，一家一户的红帮裁缝，只凭血缘和地缘相联络，还没有形成一个核心组织。不过，小有名气的技师和大的店家都依附在宁波旅沪同乡会这座靠山下，利用宁波人在上海这个移民城市的势力，寻求自身的发展时机和代理人。

当 1918 年 4 月北洋政府农商部公布《工商同业公会规则》及《工商同业公会规则施行办法》，1923 年 4 月又公布《修正工商同业公会规则》之后，南京路、四川路、林森路、霞飞路等的红帮裁缝店铺中的深孚众望者呼吁，鉴于西服业的发展势头，为维护同业的公共利益，矫正营业上的弊害，促使技艺长进，调和同业竞争，筹划建立本业的同业公会。于是，在 20 世纪中叶的 1937 年，在南京东路大庆里 40 号，上海西服业同业公会应运而生。

同业公会的建立，助西服制作业形成了一个独立的自然行业，不少西服店从原来多种经营转变为专业性商店，且质量提高，品种增加。有单排扣、双排扣，领子有平驳头、枪驳头，款式有燕尾服、礼服，大衣有中式马裤呢大衣、西装大衣，工艺有罗宋派、英美派、日本派、犹太派、海派（中国派）等，凸显时代和地域特色，探索国际化之路。其中，还将师傅分为专做大衣、西装的上装师傅和专做马甲、西裤的下装师傅，使之术有专攻。从地段区分，四川路雇用中档师傅，俗称"五工师傅"（即做一套西服花费 5 个工时），而南京路聘请高级名师，为"七工师傅"。这样，适应了不同消费者的经济承受能力。抗战爆发后，闸北、虹口的商店和居民为避日军轰炸，争先恐后地来到静安区，商业出现了畸形繁荣。湖北路、福州路上的西服店猛增，形成了福湖区服装街。"荣昌祥""王兴昌""培罗蒙""雷蒙"等名牌产品的附加值骤然增加。由此可见，当时建立西服业同业公会是有其扎实的社会基础和极为有利的时机的。

根据 20 世纪 40 年代的《上海市西服商业同业公会章程》，我们可以看出，这个公会建立后，公会的权力机构是会员代表大会。会员代表大会通过无记名投票选举产生并设立理事会和监事会。监事规定三条职权：一是监察理事会执行会员大会之决议；二是审查理事会处理之会务；三是稽核理事会之财政出入。这些组织下分设秘书、福利和协调委员会。理事会下属有财务、总务、调查三科。福利委员会的具体职能部门有裁剪、设计训练班，合作社。这些常设机构，层层配套，分工明确，又相互制约，都要对会员代表大会负责。即使是在会员大会上得票半数以上当选的理事长，其意见和主旨也不能独断专行，不得个人说了算。尤其是监督办事人员的监事会，直接隶属会员代表大会，不受理事会的约束，能充分发表自己的看法，因此是比较民主的。理事及监事不是终身制，规定任期四年，每两年改选，半数不得连任一次。1937 年西服商业同业公会设执委 8 人，有江辅臣、顾宏法（天云）、王介甫等；监委 5 人，有王廉方、尹秉璋等。1945 年 1 月，西服商业同业公会改选后，根据业内发展势头，壮大了组织机构，设理事长 1 人，常务理事 5 人，理事 11 人，监事 8 人，并聘请了 20 名顾问。福利会顾名思义应为会员谋划实质性的福利。其在抗战前后开办了几期裁剪和设计训练班，培养了许多德才兼备的接班人，在业内和上海产生了一定的影响。另外，每个会员都有选举及被选举权，公平、公正，一视同仁。这个组织机构在日常运转中，脱产的人员极少，大部分是兼职的。凡兼职的都不拿工资，甚至因公办事的车马费也自掏腰包。如去训练班检查考察，连午餐费用都由理、监事们均摊。这种大公无私、清正廉洁的精神，自然受到了会员们的拥戴。

同业公会的经费来源是会费收入，即入会时的会费和月费。会费按照业内店号的规模和实力，分为甲、乙、丙、丁四种档次交纳。经费集中后，由会计做出预、决算，年终编制报告书，总账细目，一一罗列。财务公开、杜绝贪污，这在纸醉金迷、尔虞我诈的旧社会是难得的榜样。

从《上海市西服商业同业公会事务所组织规则》中，我们可以进一步分析这个公会的规定。"本会设秘书一人及总务科、调查科、财务科、西服组、海员服装组、同业福利委员会、劳资协调委员会。"这三科二组二会的职能十分明确。如调查科掌同业福利、劳资纠纷、调查会员动态统计事项；西服组和海员服装组掌会员登记、申请、联络事项；同业福利委员会掌进料联营、售价审议、业务指导和改进教育、公益事项；劳资协调委员会掌劳工待遇研究改进、劳资纠纷协调、工程审核改进事项。这些事项的实施，在当时是具有一定进步意义的。它始终围绕维护会员的利益而展开，从稳定公会的队伍出发而考虑，为西服业的改进，更新自己的守旧思维，包括经营管理、工艺技术、业务扩大等而谋划，符合优胜劣汰的价值观和与时俱进的紧迫感，包含市场意识、竞争意识和品牌意识。

上海市西服业商业同业公会的第一任理事长是王廉方（1915 年开设裕昌祥呢绒西服号，祖籍奉化），以后有江辅臣（1896 年开设和昌号，祖籍奉化），王宏卿（1910 年开设的荣昌祥呢西服号第二位业主，祖籍奉化），他们在上海西服业中称得上是元老级人物，又是名店的经理，与"南六户"，即南京路上最有名望的六家西服店（王兴昌、王顺泰、裕昌祥、王荣康、荣昌祥、汇利）关系密切。可见宁波红帮裁缝在此组织中，始终大权在握，占统治地位。该同业公会在班子成员中也吸纳了外地人才，如夏后卿、唐琼相等，说明了宁波人也不排外，善于取长补短，体现了公会的广泛性、社会性和同业的团结精神。

该同业公会倡导明码标价、公平竞争。如 1948 年 8 月，针对"会员商店或设闹市，或地僻巷，等级不一，各家售价，亦因采用工料及服装尺寸不同而互有参差，既不能以最高或最低工作标准，更不能综合扯算"，于是，公会规定了西服的限价。商店分特、甲、乙、丙、丁五等，来料加工的价目分别为 100~133 元、80~90 元、60~79 元、45~59 元、30~44 元 5 种（当时户数的百分率是特等 5.7%，甲等 13.5%，乙等 20.2%，丙等 40%，丁等 18.6%）。如此民主评议，合理作价，鼓励会员学技术、添设备、培养业务骨干，在竞争中立于不败之地。

在上海档案馆收藏的"上海市西服商业同业公会会员登记表"中我们发现，701 家会员中有 420 家是宁波人，占总数的 60%，其中绝大多数为鄞县和奉化籍的。他们的文化水平普遍较低，其中 110 位业主只上过私塾和小学，68 位读了中学，仅 5 位是从大学校园出来的。当时他们的年龄以 30~50 岁为多数。因此，他们迫切需要提高文化水准，掌握一定的文化知识，以便能够剖析从国外进口的月季簿（一种介绍西服的印刷品），研究西服工艺，与国际接轨。

为了在激烈的中外西服市场争夺中站住脚跟，急起直追国际服饰新潮流，自 20 世纪 30 年代起，西服商业同业公会采取多种形式，扶植红帮传人。宏泰西服店经理顾天云先生于 1933 年编著了《西服裁剪指南》这一中国第一部西服论著。以后，同业公会以此为教材，除了上文介绍过的倡办裁剪、会计学习班外，还于 1947 年 5 月筹建了上海市私立西服业工艺职业学校，并聘请顾天云为校长。

同业公会积极鼓励会员引进人才，高薪聘请各地名师，充实会员商店的技术力量。如培罗蒙西服公司的业主许达昌从哈尔滨请来庄子龙、王阿福、鲍召海、沈雪海（人称西服业"四大名旦"）和方阿土、吴德才、阿阳、阿根（人称西服业"四小旦"）。他们能对各种西服流派兼收并蓄，独创符合国人身材和消费水准的"海派"西服。又如王兴昌西服店精制高档次的马裤呢中式大衣；荣昌祥呢绒西服号开设团体制装，在抗战中，到内地筹建华商被服厂，生产军需服装等。虽然会员商店做的都是西服，但各具特色，各有专长。

上海西服商业同业公会经过 10 余年的发展，到 20 世纪 40 年代末已成为上海最具凝聚力和号召力的社会团体，赢得了社会的关注和业内人士的好评。海员服装组转危为安是一例证。

宁波红帮裁缝在上海的发展最初是在虹口码头一带，从下外国邮轮上门兜生意开始的。经过数年的拼搏，他们的生意日益红火。可是，面对诱人的商机，一些投机者鱼目混珠，打着宁波裁缝的旗号，招摇撞骗。他们趁宁波人不备，偷偷上邮轮接生意，收取面料和定金后就逃之夭夭。起先，洋人信以为真，但十天半月后，等到应交货的日子，始终不见裁缝的踪影，这些外国人才知道上当受骗了，于是向本国驻上海领事馆反映。领事馆转告上海市社会局和警察局。两局协同追查，但茫茫人海，查无结果。由此，一度败坏了宁波裁缝的名声，使其在邮轮上的生意受挫。

这激起了宁波人的愤怒。宁波裁缝经商量统一了对策。一方面，他们据理力争，继续上船兜生意，不收定金，量体裁衣，按时送货上门，以优良的服务，取得洋人的信任。另一方面，依靠上海西服商业同业公会，由资方出面交涉，竭力挽回名誉，并加强了对同业公会下属海员服装组的管理，重新颁发了临时上船证。

1946 年 7 月 19 日，海员服装组的徐文涛送急件到上海西服商业同业公会，要求同业公会致函上海市社会局和警察局，规定裁缝凭会员证上船接生意，并请上海市商会转函美国领事馆。7 月 21 日下午 3 时，同业公会召集海员组常委会，了解情况，研究策略，并疏通与上海市商会的关系，统一海员组继续到外轮上接生意的口径。为完善手续，以防假冒，准备核发上船证。经过一段时间的磋商，1946 年 10 月 26 日，上海市商会复函上海西服商业同业公会。公函指出：驻上海法国总领事署本月 25 日第 3208 号函复，准本月 22 日来函，就本市西服商业同业公会海员服装组拟来沪至邮轮承接生意一事，嘱法国邮轮公司自行酌夺。11月13日，上海市商会复函上海西服商业同业公会，告诉同业公会，按照英国总领事署函，依照原定规例，由上海西服商业同业公会直接与各邮轮公司商量上船承接生意事宜。1947年2月12日，上海西服商业同业公会又呈请上海市社会局、警察局，要求启用新上船证。以后，几经波折。由于上海西服商业同业公会和海员组的据理力争，终于挽回局势，一本本草绿色封面上烫有金色、编有号码的会员证发到了会员手中。在上海档案馆，我们看到了这种"派司"的原件。

上海西服商业同业公会为协助会员商店出口服装，至抗战前，已出具110多份证明。如位于西摩路826号的大方内衣衣公司缝制的衬衫欲销售至暹罗国（即泰国）。为确认衬衫系采用国产面料加工，由位于四马路大新街迎春坊的新和祥协记染织厂证明其面料完全是国货。该证明由主席委员江辅臣、常务委员夏彼卿、顾宏法、唐琼相、林正人亲自盖章签发。又如位于公馆马路300弄的志奋内衣公司采用意大利原料制成三种货号的西装背带，由德龙厂出口至泰国仰光的振兴号，同业公会也为其出具证明，请海关放行。由此可知上海西服商业同业公会在对外贸易中的可信度和威望。

1946年1月，上海西服商业同业公会的主管部门上海市商会将上海市船员制服业同业公会与西服商业同业公会合并。同年4月，上海市社会局认为"本市服装业名称繁多，核其业务性质大体相同，为避免分歧起见，应予以并组"。这时，在上海的一个外商西服业同业公会致函西服商业同业公会要求加入，西服商业同业公会理事会考虑后，以外商不是本国国籍为由，婉言谢绝。

西服商业同业公会延续到20世纪50年代初，在"一化三改"①的实施中完成了历史使命，然而，该会的社会地位和行业信誉在黄浦江畔至今仍在传颂。

---

① 指从中华人民共和国成立，到社会主义改造基本完成的过渡时期的总路线。

14

红帮裁缝的不朽创举

——记我国第一所西服工艺学校

作为上海红帮裁缝的中坚——上海市西服商业同业公会，在抗日战争前已想方设法陆续举办不定期、短时间的裁缝训练班和职工夜校。抗战时期一度辍办，1945年8月抗日战争胜利后相继恢复。这种短期的利用业余时间的教学方式，虽然也有成效，但毕竟是雏形初具。理论方面缺乏专业性和系统性，实际应用上又缺少指导性和操作性，且覆盖面狭窄、教学场所又动荡不定，师资力量也较为薄弱。

据此，"鉴于世界物质文明日有进化，培植西服裁剪技术人才的专科学校，在欧美已如星布"，在自觉和被迫之中，由荣昌祥呢绒西服号的王宏卿、汇丰号的王继陶、宏泰号的顾天云、星星号的王星仲等三十四位名店经理发起，素有抱负与追求的上海西服商业同业公会于1947年5月正式筹建上海市私立西服业工艺职业学校。这是我国第一所西服工艺学校，是红帮裁缝以历史为己任，不满足现状，勇于探求发展西服业的又一重大创举。

据保存至今的该校资料表明，该校的宗旨是"遵照教育部公布之职业学校规程，以提倡职业教育、培养西服工艺人才为主旨"。其实施的纲目为：（1）锻炼强健体格；（2）陶融公民道理；（3）养成勤劳习惯；（4）充实职业技能；（5）增长职业道德；（6）启发创业精神；（7）研进西服艺术；（8）培植技术人才。这8条办学初衷，字里行间，条条切合西服业扶植同业接班人的实际。学校学制三年，其中一年半在校学习，其余时间到会员商店实践。根据会员商店迫切需要解决的问题，有针对地设置了公民、体育、国文、英文、算学、图文、缝纫、簿证、售货术等12门课程。学校对入学者严格筛选，进行体检和口试。对文化基础和年龄段均有明确规定。第一学期计划招生50名，分保送生与招考生两类，保送生名额严格控制，仅占总数的五分之一。保送生由会员商店推荐，入学前须与店主签订协议。招考生与保送生分别授课，招考生的课程与普通学校相同，保送生的本业技术教授要重于普通课程。学校还规定考生的报考资格是：在公立或已立案的私立高级小学毕业，有毕业证书者或同等学力者；年龄须在14足岁以上，17足岁以下。

该校设正主任一人。顾宏法（天云）任正主任兼技术组组员，韦郎轩、夏少卿任副主任兼技术组组员，王兰芳任副主任兼募捐主任。另设设计组，组员有王星仲、王宏卿、陈汉泉；技术组，组员有许达昌、邵联三、鲁金林、吴如佐；经济组，组员有沈子光、陈继昌。于1947年11月4日分别颁发证书。

为了办好这所学校，同业公会组成了校董会。校董会由15人组成，公推董事一人，主持一切会务。校董会组成人员的资格：一是西服商业同业公会的理事或监事；二是学校发起人、创办人；三是热心教育、愿捐助学校的。这三方面人员都是同路人，可谓志同道合。

这所至今仍被红帮裁缝先辈常提起的学校，校店联办，学用一体，位于上海市闸北宋公园（今和田路）与兴中路交叉处，即当年北长生公所附近的一块空地上。校舍较为简陋，均为平房。

为创办在当时"国内尚属创举"的西服工艺学校，1947年11月4日，上海市西服商业同业公会理事长王宏卿、常务理事陈汉泉、黄星仲，聘请顾天云（宏法）为学校筹备主任，后委任其为校长，并明确一校之长的职责是主持校董会，统辖全校公务。校长下设教导、实习、事务三处。顾天云，鄞县下应村人，早年在上海开裁缝店，又去日本学艺。20 世纪 20 年代末回沪，在南京路 90 号惠罗公司旁的里弄里开设宏泰西服店。顾天云睿智博大，胸怀爱国之志，呼唤民族精神，倡导实业救国。他毕生从事西服行业，为上海造就了不少后起之秀。他不仅富有实践经验，且有深邃的理论知识，还曾自费周游考察国际服装市场，研究其动态和趋势，遍搜图册，列访名师，冥钩博罗，孜孜以求，是一位谦和的君子、温和的长者、善诱的良师。1933 年，是年 49 岁的顾天云，编写了我国第一部西服理论著作《西服裁剪指南》。

该校在筹建中，归属同业公会管理，由会员商店共同扶植，强调标准化，狠抓学习期限、教学时间、课程标准和理论水平。这一史无前例的创举和利国利民的善事，得到了会员商店的全力资助。他们纷纷捐款捐物。据统计共有 250 家店号捐款达法币 4574 亿元，金圆券 1550 多元。培罗蒙、雷蒙、汇利等专业商店，呢绒公会、毛织品公会等兄弟公会也慷慨解囊，顾天云个人带头捐助 30 万元金圆券。学校规定学员在校期间除要交纳膳食费（按月合白米 3 斗）及其他杂费等均依一般初级职业学校收费情形办理外，学费、宿费概予免收。众人拾柴火焰高，西服工艺职业学校依靠同业的社会力量办学，在那个社会制度、那种经济条件下，闯出了一条成功的路子。

因此，上海私立西服业工艺职业学校是名副其实的、卓有成效的我国第一所民办职业学校。该校培养了许多西服裁剪和缝纫的高手，涌现了不少上海闻名的裁缝状元、设计技师。这些后起之秀为中国服装业的变革和发展起了顶梁柱的作用。例如已故的上海服装研究所的服装设计师戴永甫（今宁波市海曙区古林镇戴家村人），从成衣作坊和服装生产合作社起步，把实践经验上升为理论知识，发明了"衣料计算盘"，编写了《怎样学习裁剪》等专著。1984 年，他积 50 余年的裁剪心得体会，编著了《服装裁剪新法——D 式裁剪》一书，史无前例地将繁复的裁剪过程化为简单而又科学的裁剪公式，迅即受到广大读者的青睐。

15

忆上海市西服工艺职业学校

　　我是王汝璆，1934 年春出生在上海，原籍奉化江口王溆浦村。1945 年 8 月抗日战争胜利，因乡间生活困难，我去投奔在上海的伯父王宏卿。清晨三四点钟，从王溆浦走到江口的驳船码头，乘上到宁波的汽轮，到达宁波浩河头后，再到甬江边坐大轮船，航行一夜到达上海十六浦码头。到上海后，我靠伯父培养，上学读书。1948 年，当我读到初中二年级时，伯父保送我到裁缝学校读书，这所裁缝学校就是上海市西服工艺职业学校。

　　西服工艺职校设在上海闸北区会文路口，位于宋公园路（今和田路）200 号。其北面有会馆路、止园路，东面有中兴路、虬江路，南面有火车北站与天目路。那时候，这里是典型的城乡接合部。马路是砂石混合路，既狭窄又不平坦，路旁一眼望去是菜地、河浜和三三两两低矮简陋的民房。

　　西服工艺职校面积约有一个足球场那么大，四周围了竹篱笆。学校校舍都是砖混结构的平房，有教室 4 间，学生宿舍 1 间，还有厨房、食堂等公共附属建筑。学校正门面对宋公园路，其他三面位置布满了大大小小的水塘。校内有一块空地，种着几畦蔬菜，由炊事员种植，用以补充学生伙食。

　　我是该校的第一届学生，也是最后一届学生。全校只有 40 多位学生，都是男性，一律寄宿在校。学生大多数是西服商业同业公会的会员商店保送并负担一切费用的。学生成分的构成，一是西服店老板的儿子，二是来自宁波农村的"关系户"，他们投亲靠友，想方设法进校，以谋求职业，全校以这部分学生居多。

全校40多个同学都住在一间寝室里。寝室里睡的是木制双层床，床铺多，睡的人少，不大拥挤。一日三餐，生活苦涩乏味，吃的以素食为主。那时物价一日三涨，吃的东西以大米为主食，并以大米的价格作为衡量依据，来确定副食、日用品的价格。学生是消费者，时局维艰，混口饭吃，十分艰苦。临近学校后期，同学们公推我协助老师主持伙食。穷家实在难当。有一天，为了给大家开荤，只得把每个人的基本菜金集中起来，买了一条大鱼，每个人只能分得一块麻将牌大的鱼块，就别无其他菜了。

学校每逢星期天休息，家在上海的同学都兴高采烈，巴不得尽快回家，改善生活。家不在上海的同学没有办法，只得留守在校。我伯父住在南市合肥路，学校在市区北面，一南一北，相隔甚远。由于囊中羞涩，为了省路费，我只得留在学校，安分守己。

学校的教职员工不多，校长顾天云（又名顾宏法），个子不高，白皙的脸庞，白发临风，满口假牙，鼻上架一副金属框的眼镜，文质彬彬。他是一个宽厚的长者，为人谦逊又体贴，很少发怒。他日常穿的是西装，比较随意。他是宁波鄞县下应人，讲的是硬邦邦的宁波话，因镶了假牙，口齿不很清晰。他几次三番强调要多练习英语会话，要广知博记。每天临近上课，不管严寒酷暑或风吹雨打，他都在八点钟左右拎着一只内装饭盒的布袋，急匆匆地从会文路走来。他是从自己的寓所乘无轨电车到北火车站的宝山路站下车（有时在海宁路口），然后一路步行来学校的。中午吃的是他自己带来的饭菜。听说同业公会只给他一些车马费，没有薪俸，因此，他天天来回，十分辛苦。

顾先生的店铺和家在南京路上惠罗公司隔壁的一条大弄堂里，店名是宏泰洋服店。那是一间高平屋，外面是营业场所兼工场，后面是卧室、厨房。我有幸去过一次，现在还有些印象。店里主要是为客户定制西装，包括如海关、洋行等的团体服装。别看店面不大，店址靠转角，因他手艺出众，客户却陆续不断。当时红帮裁缝店铺的经营方式多种多样，大的店，叫呢绒西服号，如荣昌祥、裕昌祥、王兴昌、培罗蒙等，开在黄金地段，定做西服又批零兼营呢绒，店内工匠少则10多人，多的数十人。小的是夫妻老婆店，加一个学徒或聘请一位师傅，把自己的居家当作店堂和工场，承接客户来料加工，或到同行中分一些业务做做，有时也转手买卖呢绒。

顾先生出任西服工艺职校校长前，已办过几期西服剪裁训练班，学习时间以夜里为主。家住上海山海关路的胡沛天，就是其中的一个学员。顾先生怀着赤诚之心，执着追求事业，对西服颇有研究，造诣很深。他不仅编著了《西服裁剪指南》一书，还现身说法，开课教授，以期中国西服业与西欧齐头并进。他要求刚入学的学生苦练基本功。第一关是用针。当时，学生的年龄多为17~18岁。男孩子心不细，干干重活、粗活还可以，要捏针缝衣实在不适应。用针时手指上套个铜顶针，针与顶针两者必须配合协调。但一开始学生往往处理不当，一不小心顶针顶不住针，就会打滑、扎肉，手指甚至会被扎出鲜血。顾先生不厌其烦，手把手地传授要领。不久，学生掌控了手法，便运用自如了。第二关是缝布。左手捏一块棉布或薄呢料，右手两指捏针，在戴顶针的右手中指顶推下，捏布的左手不动，右手上下运作，彼此顶牢，两者协调，丝丝入扣，完成缝布工序。记得当年在练习此番基本功时，人要站立，然后吸腹，胸部略向前倾，双手悬空操作。旁边放一桶冷水，因为练习中时常会出手汗，将手浸入水中，可消除手汗之弊，避免弄脏衣料。在掌握缝布要领后，再用缝纫机。在用缝纫机前，先讲解缝纫机的结构、零件、缝纫原理及使用方法、拆修保洁等各种知识。就西装制作来讲，缝纫机操作既快又好。但在"出面相"的部位，如卜头的止口，则绝对要用手工一针一针老老实实的扎，讲究密密麻麻排列、针脚均匀。在浅色、单薄的面料上，不管气候干燥或者湿润，表面要看不出针脚线。这道工艺可以考察师傅的功底深浅。第三关是教手工活中的其他方法，如"挠""甩""花绷"（当时没有拷边机，为防止呢料边缘毛出来，皆用白线手工花绷）。以上三关基本功练习大约要花 1~2 个月的时间。在这段日子里，顾先生总是谆谆诱导，几次三番强调手艺人靠本领吃饭，为此他还讲了自己的一个经历：有一年他因战乱逃难到乡下，住在一个亲戚家中。突然添了几张嘴，对原本并不宽裕的这户亲戚来说，无疑是加重了负担。他想想过意不去，就动脑筋，帮助这家亲戚做衣服，没几天，全家老小都穿上了新衣，亲戚顿时解开愁眉展笑容。这个小故事，让我们深有感触。

职校的文化教员兼庶务祝宏道，30 开外年龄，舟山人，四方脸，矮个子，少言笑，耳聋，从日本长崎回国，是顾先生物色来的。祝先生一天到晚讲师道尊严，看起来凶神恶煞般，常常一人关在办公室里，不与学生接触。有人讲他是国民党员，因此，同学们自然而然地对他存有戒心。然而，上海解放后的某一天，我在四川北路上看到他，他就排在群众游行队伍中，手执一面小旗，跟着喊口号。

职校的工艺助教兼门卫，名字记不起来了，是个舟山老头，个子矮小，性情暴烈，动辄谩骂训斥，大家对他敬而远之。他裁缝出身，常常摆老资格，对学生指指点点，要这样那样。同学们有的对他阳奉阴违，有的则当众顶撞他。

职校的厨师兼杂务工，祖籍舟山，大家叫他阿万，中年人，为人和气，干活勤快，不善言辞，买菜、烧饭、种菜等一手包办，住在大门旁的一间小屋里。

职校的工艺助教胡沛天（世康），舟山人，荣昌祥呢绒西服号职工（1947年起任裁剪师），是王宏卿的门生、顾天云的高足。1946 年，他拜顾先生为师学艺，后常受先生之托到职校帮助授艺，助一臂之力。他还招揽了一定数量的缝纫加工业务，为我们的实习提供了生财之道。

　　另一位助教，姓名不清楚，是石门路一家西服店的小老板，顾先生的特招弟子。他常骑自行车来校，紧跟顾先生努力学艺，不耻下问，深受校长青睐。他学风甚严，与我辈学生不同，大家十分羡慕。

　　教员李春山，是四川北路一家西服店老板之子（老板是李成章，也是职校的一位创始人）。他有两件事，一直印在我的脑海里。其一，他希望我们学生多看报纸，关心时事，叮嘱我们如果一个人钱少订不起报纸，几个人合订一份也行。于是，我作为学生中的小头头，便联络宁波籍同学，看看是否合起来订一份报纸，但苦于大家都十分拮据，无力订报，只好作罢。其二，他常在夜间，把我和黄志诚等三四个同学叫到教室一角，偷偷教我们唱歌。歌词是从未听到过的——"山那边呀好地方""您是灯塔，照着黎明前的海洋"等，那激昂、奔放的歌声，虽然不能引吭高唱，但大家都感到从未享受过的惬意和满足。过了几天，局势更紧，他父亲逼他离校。在一个月光朦胧的夜晚，他离校前悄悄告诉我，他要走了。我和黄志诚觉得恋恋不舍，又没有什么可以作临别礼物。第二天，我们在书店买了一本书，是苏联一位作家写的《面包》。我们左翻右翻，根本看不懂，只知是苏联人写的，就作为礼物送到他家。次日夜里，他真的与我们握手言别。我和黄志诚与他依依惜别，从学校一直送他到宝山路。不久，迎着上海解放的曙光和鲜艳的五星红旗，李春山重返职校，一身戎装，威风凛凛。我们全体师生举行了一次隆重又简短的欢迎会，顾先生致了热情洋溢的欢迎词。李春山介绍了他离校前后参加革命的经历，感谢顾先生在危急中敢冒风险，接纳他到校任教，躲过了敌人的搜捕。我追问那本《面包》的下落，他解释道：那时为躲避沿途查问，只得偷偷焚毁了。回顾自己50岁后加入中国共产党，加入无产阶级先锋队的一个重要原因，就是目睹过革命先烈在刑场上坚贞不渝、慷慨就义的崇高形象，也想到李春生，一个不愁吃穿的小老板，居然抛弃温暖舒适的生活环境而毅然投身革命，他为穷苦人翻身求解放，敢冒生命危险，在校园中点燃了革命的火种。半个世纪过去了，他的音容笑貌常常浮现在我的眼前。

西服工艺职校开办前曾描绘了一幅美好的蓝图，计划有各类文化课，但实际上，因各种原因，没有全面实施。除经费紧张等因素外，另一个原因是学生的文化基础不一。来自上海的，一般有初中文化，而来自农村的，如奉化、鄞县、镇海的则只有初小或高小文化基础，学生的文化水平参差不齐，课程难以设置。

这所学校办学时原本打算半工半读，后来演变为以工为主，教学的全副重担都压在顾先生身上。他忙里忙外，又要两头兼顾。一是面向大部分学生上课，组织实习；二是照顾像胡沛天那样的几位"研究生"。但繁忙的教务、简陋的设施、朴素的生活，并没有动摇他对事业孜孜不倦的追求。只要你愿意学，顾先生就不管唇干舌燥，总是满腔热情、不嫌其烦地教你，启发引导你。他不愧是同行中的楷模。记得那时学缝纫机，也有一个熟练的过程。转、停、快、慢，需要手脚并用。当学生大体掌握要领后，先不穿线，"缝"硬纸板，练习针脚走势，等基本过关后，才能缝布料。缝纫机都是进口货，是各家西服店赞助的美国产"胜家"牌旧机子，蹬起来，啪嗒啪嗒作响，飞轮又大又重，摆动有一定力度。这种"铁车"缝纫厚的面料最适宜。缝纫实习也分阶段，从缝裤子起到缝上衣、锁扣眼、再到用烙铁熨斗熨烫，循序渐进，步步深入。

顾先生特别重视"锁眼"——这种往往被人瞧不起的小活。他反复强调说，衣服上的"眼子"好比人的眼睛，眼睛是心灵的窗户，人长得漂亮与否，与眼睛大有关联。一套衣服，尤其是上衣前襟的"眼子"，如果锁不好，这套衣服就前功尽弃。以前较有名气的裁缝店，讲究锁眼、钉纽扣。纽扣针脚的长短，不得随意马虎，必须依照衣料的厚薄程度而定。还有打袋口、扎驳头的"套结"，都是画龙点睛之举。虽然这些活一般都由锁眼子的女人去做，但挑选锁眼工十分严格。比如一件白色凡力丁衣裳，要求干净、洁白、挺括，如果在最后一道工序——锁眼上出了偏差，老板看到后必然要火冒三丈。

又如使用烙铁，如何控制火候也有窍门。你不知道它的温度，怎么办？方法是右手提熨热的烙铁，左手一指沾上口水，迅速在烙铁底碰一下，口水遇热、汽化发出声音，听其声音辨认温度。若一碰无声，说明烙铁热度不够，不能熨衣服。若太热了也无声，更不能烫，否则要熨焦衣料。"啪"声中温，"的"声高温。当然，还要看衣料的厚薄与质地的差别、气候的冷热，不能一概而论。

当学生进入实际操作阶段，顾先生更是忙得不可开交。胡沛天在校务大忙中奉命常来进行技术指导，还接来几批团体服装。一次，学校进了一批荣昌祥法兰绒，大家用它做裤子。同学们相互学习，共同勉励。上海解放不久，学校接了一批军用品加工业务。我们夜以继日，突击数天，缝制"中国人民解放军"胸章，长方形的，正面是白布底，红框黑字，反面为姓名，部队番号等，工艺很方便，将正反面折叠起来，用白线缝四边，全是"铁车"的活。那些日子里，学校歇人不歇车，轮流加工，最终按时如数完成任务。捧着手中这圣洁的胸章，我们虽然十分疲劳，做得腰背酸痛不堪，心里却热乎乎的，大家都因能为人民解放事业出点力而感到十分幸运。

西服工艺职校从1948年秋正式招生开办，其时正逢解放大军将要渡江南下，国民党反动派垂死挣扎，社会动荡不安，西服业每况愈下。第一学期还是兴旺的。举行开学典礼时，以王宏卿为首的上海西服业代表兴高采烈地到校祝贺。在庆典仪式中，王宏卿情绪高昂，他指望着自己倡议开办的上海第一所西服工艺职业学校旗开得胜，能成为全国的首创，发挥表率模范作用，使西服业后继有人。

第一学期快结束时，学校在教室里举办了一次同乐会。那天下午，西服业的校董们争先恐后到校，学生们上台表演节目，各展所长。有一位姓孙的同学，是一家西服店的小业主，平时喜欢京剧，嗓音也不错。他唱了京剧

《定军山》中一段，博得满堂掌声。事后，王宏卿奖励了他一把京胡。临近晚餐，食堂里热气腾腾，香气扑鼻，伙食自然比平时好许多，学生与校董们个个吃得笑逐颜开。

第二学期起，学校开始走下坡路。解放大军南下的隆隆炮声划破上海夜空，国民党军政要员、反动资本家纷纷逃命，社会上一片混乱，有些学生打了退堂鼓。职校起初就生源不多，如今更是举步维艰。顾先生不知怎的，不再是天天来，数月中来去匆匆，处理完一些紧要的事，拔腿就走。他面容憔悴，心情当然也今非昔比了。1949 年 3—4 月间，伯父叫我离校回店。5 月 27 日，上海解放后，我又返校。在我离校这段时间中，据留校的同学透露，学校住过几批穿黄军服、黑军服（坦克兵）的国民党正规部队。

1950 年上半年学校停办。

从职校出来后，我在荣昌祥工作的同时，又读了 4 年夜中专，改学机械制造与安装。1956 年，我参加了新安江水电站工程建设，以后一直在电力行业中工作。事隔半个世纪，已步入暮年的我，思今抚昔，历历在目，对上海市西服工艺职业学校，我仍然刻骨铭心，念念不忘。

以上是我对上海市西服工艺职业学校的回忆，也是我的亲身感受。有些事情恐怕与事实有点出入，期待日后在世的校友补充指正。但我始终认为这所学校虽然只办了两年光景，但是作为国人开办的中国第一所西服工艺职校，具有划时代的意义。她不会随着时间的流逝和空间的变换而被淡忘，她是永恒的。她是宁波红帮裁缝们的一个创举，是对中国服装业的一大贡献。

（根据王汝增 2001 年的回忆稿，综合上海档案馆史料改编而成）

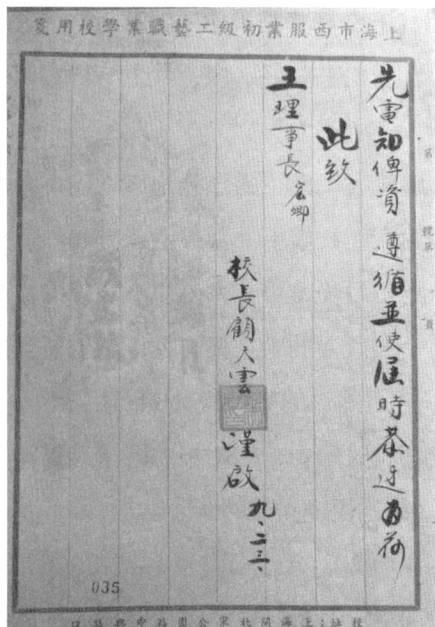

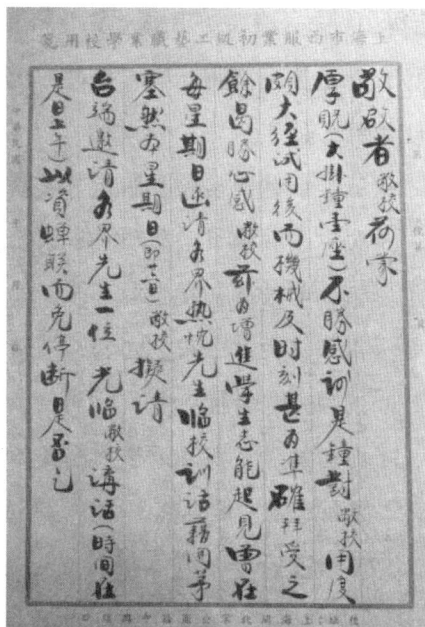

上海市西服工艺职业学校校长顾天云致同业公会理事长王宏卿准备签发的感谢信

16

中国服装"国家队"掌门人余元芳

　　北京朝阳区燕莎友谊商城四楼服装加工部，一位年逾八旬的银龄长者，正在为外宾量体。他们比画着手势，用简单的英语在沟通。当我们出示介绍信说明来意后，长者马上端来凳子和热茶，在裁衣桌板边见缝插针、断断续续地谈了起来。这位长者就是赫赫有名的红都服装店老经理、有"西装圣手"美誉的余元芳。

　　话题从他在燕莎的工作谈起。余元芳已届耄耋之年，我们关切地劝他应该在家休息养身，不要太操劳了。余元芳笑呵呵地说："你们不知道，我已经三次向这里的经理提出打道回府，可是每当我一离开，做衣服的顾客就会不

余元芳在钓鱼台国宾馆

1998 年余元芳先生接受作者采访

断减少，经营不景气，急坏了经理，来电话、来人，三顾茅庐，邀请我再出山，叫我不用亲自动手，隔天到这里坐坐就好了。不知啥缘故，我前脚到服装部，后脚就有跟来做衣服的顾客。"说话间，又来了两位拿着衣料的北京人，请余元芳量身裁剪。

余元芳，原奉化县白杜乡泰桥村人，1918年10月出生，8岁上学，小学毕业后托人介绍，去上海王升泰西服店学艺，由于战乱，他两次回家避难。1941年满师后，考入南京路王顺泰西服店，主管业务与裁剪。他智力过人，才华出众，深受老板的赏识和同事们的敬佩。抗日战争炮火停歇后，年轻有为的余元芳离开了王顺泰。

余元芳之兄余长鹤，从小接受文化教育，还有英语底子，后到上海学裁缝谋生。抗战胜利后，1945年10月，他到在沪的美军"PX"服务社的商店承接服装业务，一直做到1948年年底。1949年2月，余长鹤在一个美国记者的帮助下，以低价房租在百老汇大厦（今上海大厦）一楼（原邮局大厅）开设波纬西服店。取名"波纬"是因为百老汇大厦的"百老"两字念快了就叫"泡"，与宁波话的"波"字发音很接近，百老汇的"汇"字与"纬"字音近，波纬这个店名就这样定下了。开业时，余长鹤独资经营，但资本只有300套西服毛料。开业后生意看好，承接各国领事馆、美国善后救济总署及长住大厦的中外客商的制装业务，一时门庭若市。1949年4月19日，上海解放，百老汇大厦改为上海大厦，由中国人民解放军军管会接管，房租调整，西服生意清淡。

1951年，因为大批苏联专家支援我国建设，住在上海大厦，经常到波纬做衣，波纬设立的苏联专家专柜，有时一天能接40多套服装的活。余长鹤势单力薄，于是召回已在香港另找门路的余元芳。又请了技术师傅如沈小唐、方阿惠、何荣庭等，恢复波纬特色。6月初，余元芳到波纬后，男女活全做，并以精工细作、款式新颖、交衣及时受到好评。当时的上海市陈毅市长，上海市委刘晓书记，潘汉年、盛丕华副市长，以及华东局的谭震林、吴克坚、魏文伯、陈丕显、谷牧等先后请余元芳定制过西服，波纬店堂外经常小轿车首尾相接，店堂内经常高朋满座。

1955年，印度驻华大使小尼赫鲁在北京做了一套西服，接连改了几次，仍不满意，专程到上海重做。上海市政府得知消息，委派余元芳担此重任。余元芳在两天时间内做好服装，经小尼赫鲁试穿，十分合适。小尼赫鲁回京后与彭真市长偶然说起此事。因面临日益频繁的国事交往，彭真市长指令北京市被服厂到上海挑选一批服装名店和技师来京，带动首都服装业。

余元芳在上海开设的波纬西服店

在敬爱的周恩来总理的亲自协调下，在"繁荣首都服务行业"原则的指导下，在计划经济年代粮户关系绝对控制的年代，1956年4月底，余元芳、余长鹤和波纬的14名职工余长嶙、余长嵘、邬鹤年、陈梦熊、沈小春、方阿惠、何荣庭、蒋仁义等兴高采烈地从海滨城市上海来到祖国的心脏北京。当时，新落成的前门饭店接待党的八大代表，为方便制装，波纬到京时，被安排在前门饭店。前门饭店靠近使馆区中的东交民巷，考虑外宾和中央领导人就近制衣，翌年，波纬搬到外交官员集聚的东交民巷28号，与迁京的万国时装店合二为一。1957年4月18日，新的波纬服装店隆重开业。由于波纬的技术力量强，服务质量好，承接男女活，虽然店址偏僻，但信誉逐年扩大，外宾制装日见增多，中央和北京市的领导、出国人员以及艺术家也慕名而来。从此，经理余元芳和他的伙伴们天天进出这条整洁幽静的巷子里，如鱼得水，昂首步入波纬的黄金时代。

移师进京的波纬背靠外交部，面向使馆区，客户云集，名扬京都。1958

年1月，正式建立了红帮服装厂，下设五个门市部，即红都服装店、红都时装店、国华红都分店、蓝天时装店、造寸服装店。波纬经常为国家领导人和外国元首制装。他们为刘少奇、周恩来、李先念、叶剑英、贺龙、罗荣桓、郭沫若等党和国家领导人，刘晓、黄镇、姬鹏飞、伍修权、丁国钰、徐以新等驻外大使，以及西哈努克、恩克鲁玛、卡斯特罗等外国元首做了一套套西装、大衣、中山装等服装。1964年春，经外交部黄镇副部长同意把波纬隔壁外交人员服务处用的原中法银行大厅及大厅两边的配房无偿交给波纬使用，后来又将楼上及全楼交付使用，同时，还把史家胡同交给波纬做职工宿舍。到"文革"后期，人民服装厂的一处房产与波纬后院的用房交换，使后来改为红都服装店的用房达到3400平方米。1964年的一天，为周恩来总理做了几次服装的余元芳，被周总理安排在中南海会见厅，目测来访的西哈努克亲王和妻子、王子，随后，为他们一家三人做大衣、西装。余元芳仔细观察后，过几天送来三套服装，西哈努克亲王一家穿上后目瞪口呆，拍手叫绝。最使余元芳念念不忘的是1964年4月下旬的昆明之行。那天，中国民航的一架专机从北京腾空而起，这架由外交部租用的专机中，只有四名乘客，三名是包括礼宾司司长余沛文在内的外交部官员，另一名便是西装国手余元芳。此时余元芳一边浏览窗外的祖国山山水水，一边与余沛文轻声交流此行去昆明的重要任务。原来，刘少奇主席偕夫人王光美准备出访东南亚四国，随同出访的外交部长陈毅，副部长黄镇、乔冠华和国务院外事办的官员共百余人的西装都到波纬定制。余元芳率领十多位一流的裁剪、缝纫技师，到他们下榻的钓鱼台国宾馆，夜以继日地突击工作。出访前所有的服装相继完工，给刘少奇留下了深刻印象。当刘主席他们风尘仆仆访问了印度、缅甸、柬埔寨、越南四国后，准备下一轮赴印尼访问，在昆明作短暂停留时，刘主席吩咐外交部用专机接余元芳到他的住处，再给他的服装做一番修改。于是，就出现了这一次赴西南边陲春城的特别飞行。1965年9月，余元芳作为红都的首任经理期满，鄞县人、在中央办公厅特别会计室附属服装加工部工作的王庭森出任经理。"文革"时期，余元芳被戴上反动资本家的高帽，扫地出门，遣送回乡。整整7年，余元芳带着妻子，默默无闻地在故乡"劳动改造"，但他对服装业的执着追求，以及对波纬的感情，一直深藏在心里。每当夜阑人静，他遥望北国，思念京城，记挂着波纬和与他朝夕相处的老乡、同事。1973年，余元芳被落实政策，恢复了名誉，回到了北京。老经理的复出，为红都增添了管理能手和技术人才，他被任命为顾问，又精神舒畅地干到退休年龄。余元芳几十年如一日，练成了目测量体裁剪的绝活和抽丝补洞的技艺，形成了挺、平、直、服等十二字成衣诀，被誉为西服"国手"。

1980年，改革开放大潮初起，南国传来的服饰多姿多彩，西式服装再度回到人们的视线。北京市出现做衣难的局面，百姓呼声强烈，驻华外交人员也纷纷反映。为此，外交部下属的外交人员服务局决定开设服装加工部，以缓解矛盾，为外宾创造良好的生活环境。一天，余元芳在家接到创办这个服装加工部的邀请，他从闲居中再次复出，奉命筹建，并担任高级服装师。老当益壮的余元芳虽两鬓斑白，仍全力以赴，兢兢业业地工作。

从20世纪90年代起，宁波的服装业如雨后春笋般蓬勃发展，奉化大桥、江口一带的罗蒙、金海乐等服装厂的老总们，千里迢迢赶到北京左家庄新源里余元芳的住所，聘请他当顾问，授技艺，带徒弟，为企业的发展献计献策。余元芳不辜负家乡人民的期望，多次亲临奉化的几家服装厂，热情辅导，使奉化市的服装企业业务飙升，产品远销国内和国际市场，在激烈的市场竞争中，立于不败之地。1998年3月，奉化市成立服装商会，在雷鸣般的掌声中，余元芳健步走上主席台，接受了奉化市服装商会顾问那本鲜红的聘书。2000年6月，罗蒙集团总裁盛静生专程赴京，拜会了余老，聘请他为集团高级顾问，并请他对新研制的无纺黏合衬西服进行检测把关。

17

从和昌号到培罗蒙

　　江辅丰，1933年10月出生在上海。五六岁时，父亲不幸病故，家庭陷入困境。母亲带着一家人从上海迁回故乡——今奉化市江口镇前江村生活。

　　当江辅丰到上学年龄时，他在村中的锦沙小学就读。锦沙小学是村中老板江良通出资捐建的。江良通在上海开设和昌号西服店，村里人都亲切称呼他"和昌老板"。他在前江村造了一所花园洋房——守拙庐，还买了很多田，每年把收入的稻谷折成现款作为学校的各项开支，这样，学校的校舍设施修缮、教职员工薪水、日常开支的经费都有了保障。凡是村里孩子读书，一律免费。江辅丰也是免费入学中的一个，享受到小学六年级毕业。对此前江村和周边几个村的村民念念不忘。

　　小学毕业后，因家境拮据，江辅丰上中学的希望成了泡影。绝望之中，他见到了一丝光明。刚巧那一年，和昌老板要在该校六年级毕业生中挑选两名学生，去上海和昌西服店学生意（当艺徒）。江辅丰品学兼优，在学校老师的推荐

江辅丰（左一）与作者交流

下，获得了这个机遇，幸运地到了上海。那是 1948 年秋冬间，14 岁的江辅丰，拜和昌号老板江良通的儿子江辅臣为先生。按惯例，学徒称店堂的师傅为先生，称工场里的师傅为师傅。

和昌号西服店开在静安寺路（今南京西路）上。创始人江良通先生育有两个儿子，长子辅银，次子辅臣。江辅臣接过父亲的班，继承父辈的事业当上了老板。江辅臣毕业于上海圣芳济学院。圣芳济学院是一所教会学校，是清代同治十三年（1874 年）法国天主教会为了吸收子弟入学而创办的，1880年，因学生增加，原校舍不能适应，校方筹划迁址扩展。1889 年，新校舍在虹口南浔路落成。早期入校的中国学生，大多是达官士绅及洋务派的子弟。1901 年，该校正式成立中国部。1934 年，校友宋子文任董事长，捐得巨款，在福熙路（今延安北路）的一块土地上，建造了新校舍。1939 年竣工后，遂全部迁入新校址。作为教会学校，该校规定学生进校一年以后，不允许用中文交流会话，只能用英语沟通，包括上课时间和课余。这样的硬性制约，使中国学生在短时间内就提高了英语的口语和书写水平。江辅臣毕业时，用英语对话十分流利，既快又准确，这为他以后与外国人做生意奠定了扎实的基础，创造了极为有利的条件。

南京路旧时属于英租界。毕业后的江辅臣一身西装革履，英俊潇洒，他直接与英租界总督接触。经过几次交往，接下了大单——制作英租界工部局的员工制服和工部局下属的巡捕房的巡捕制服，包括帽子、皮鞋、警棍等附属用品，从头到脚全副武装，统统包揽，年年定期更新调换。从此以后，和昌号大展宏图。经过数年努力经营，江辅臣的财富巨增，在上海巨鹿路等地购置了许多住宅，甚至在避暑胜地、山水交融的浙江莫干山也置有别墅。他还在故乡建造了花园洋房。他致富后不忘家乡族人，兴办了不少福利事业，承父志续助锦沙小学，为村里添置消防水龙、造桥修路筑凉亭，深受父老乡亲们的赞誉。

和昌号由于工部局源源不绝的业务而迅速发迹，那时，店堂里经手这笔业务的几位高级员工也得了利，如上海华昌西服厂和新昌西服厂，就是依靠这笔丰厚的收入创建的。新中国成立前夕，新昌西服厂迁到香港，为香港工部局制作制服。这家西服厂的老板在香港回归祖国后飞往加拿大定居，他与江辅丰都是从和昌号出道的。

1956年，上海和全国一样，私营工商企业全部实行公私合营。当时，江辅丰担任新成区西服工会主席职务，分管这一地段的所有商店。在大合营高潮中，他被上级抽调，投入公私合营工作。公私合营运动结束后，黄浦区服装公司任命江辅丰为培罗蒙西服店经理。与此同时，和昌号从1954年起，一直替上海友谊商店承接来料加工和定制西服业务。公私合营时期，和昌号整体店号和所有员工归属上海人向往的友谊商店。

1957年至1959年，江辅丰在培罗蒙西服公司工作。在这期间，他考取了上海财经学院，跨入高等学府，学习三年毕业后，仍回原单位。培罗蒙由原来新成区划归黄浦区，而新成区则改为静安区，江辅丰理所当然随着转到黄浦区。1963年，黄浦区的朋街女子服装店中心店的党支部书记因病不能工作，江辅丰便调到朋街当了党支部书记。"文革"时期，在极"左"路线干扰下，"朋街"改名"风暴"，"培罗蒙"改名"培艺"，后又更名为中国西服店。1976年，粉碎"四人帮"拨乱反正，经上海市和黄浦区服装公司研究，又恢复使用名店名牌"朋街"和"培罗蒙"。朋街是上海女子服装的创始者，创办于1935年。其汇集裁缝高手，每年两次举办流行时装发布会，推崇欧洲最新时尚款式，不仅保持西欧服装风格，且继承传统工艺特色。

严冬过后是新春，随着真理标准的大讨论，中国人从"两个凡是"的思想禁锢中解放出来，精神面貌获得新生。从城市到农村的服装，开始发生变化，大家都在追求新颖的服装款式和钟情的色泽，服装业蓬蓬勃勃。这时，上海服装公司的领导要求尽快恢复历史上的一些名店、特色店，保留过去的经营特色和产品特色。为此，黄浦区服装公司专门成立了一家特色中心店，这家中心店由"朋街""培罗蒙""海达"等组合，名店的精兵强将集聚起来，各方面工作很出色，在上海都领先一步。江辅丰出任该中心店的党支部书记。

20世纪80年代，西装热不断升温，刺激了有关的商业和工业部门，西装业进入前所未有的鼎盛时期。当时要求做西装的顾客特别多，商店开门前，店外排长蛇阵。每天做出来的西装一上柜，马上销售一空。为了满足顾客需求，中心店必须尽快拿出对策，妥善解决生产西服迫在眉睫的问题。经过分析，他们认为培罗蒙生产工场总共只有70人不到，包括非生产人员，而生产人员还分上装生产和裤子生产，算来算去，原有的一线人员远远完不成来料加工和定制西服的生产任务。大家献计献策，为了解决供需矛盾，纷纷建议到农村去办合作工场，利用农村的场地和劳力，开辟新的生产领域。江辅丰立刻请示上级。开始，领导只同意在上海郊县发展合作工厂，不主张到外地去。但是经分析，上海郊县以做女式服装为主，至于男装，目标只能瞄准宁波。中国做西服闻名的红帮裁缝源于宁波，上海的许多红帮师傅都来自宁波，只有到宁波合作办厂，才能满足市场需求。经再次请示上级领导，这条合乎情理的建议终于被采纳。培罗蒙西服公司就首先与奉化江口新桥下村合作，筹建了培蒙西服厂，由李宏德等做师傅，接着，又与江口前江村合办前江服装厂（后做团体装）。这两家厂间隔2公里，在生产业务上彼此做了一定分工，培蒙以做西服为主，前江则以做大衣为主，并由培罗蒙技师、鄞县下应人李佩鹤把关。不久，为了紧跟服装市场的前进步伐，培罗蒙又与江口盛家村合办了盛家西服厂，由茅山虎哨周村人周云庆当技术师傅。三家服装厂齐头并进，一批又一批服装成品源源不断运往上海。虽然合作厂热情高涨，一张张订单都按时完成，但是每天生产的毛料西服和大衣还是满足不了消费观念改变后顾客排队购买西服的要求。不久，培罗蒙又在江口发展了徒家西服厂（陈耀廷师傅协助）、山头朱服装厂（朱洪品师傅协助）和后江服装厂（史美泰师傅协助），紧接着在江口镇建立了镇办罗蒙西服厂（孙富昌、董龙清师傅协助）。这样，上海培罗蒙有缘挂钩了江口镇的罗蒙，从此与罗蒙密切协作。生产领域的拓展，大大稳定了培罗蒙西服公司的市场供应量。

为了进一步促进西服业的增长，培罗蒙规定凡本公司退休师傅，如果身体许可，还要发挥余热，可以到合作厂去当辅导老师。这一规定一出台，立刻得到了退休师傅们的拥护。他们一对故乡有着深厚的情感；二对本行也恋恋不舍。老红帮们的热情介入，在生产全过程中严格把关，能有效保证产品的质量。

罗蒙创建期间的上海老红帮们

上海、奉化两地服装业通力合作，融合发展，共创辉煌，不仅满足了广大消费者的要求，而且使培罗蒙合作单位出品的"培罗蒙"牌毛料西服和毛料大衣，都在商业部的西装、大衣的质量评比中荣获部优称号，且雄居榜首。往事历历在目，江辅丰为家乡人对培罗蒙的支持，深表谢意，也为当今江口镇服装业的崛起而感到自豪。江口孕育红帮裁缝，他们在上海成长。这是一段值得记录和骄傲的历史，将其载入史册，无疑是大有益处的。

18

旅日著名红帮裁缝技师汪和生

2004 年 2 月汪和生在棠云故居前留影

奉化市棠云济众桥畔有个汪家村，汪家分上汪、下汪两个自然村。下汪有个汪根章，靠勤俭起家。汪根章的儿子汪和生，在本村鼎新学校读到小学毕业，父亲叫他去上海学生意。汪和生来到上海，在益泰沙发店学习包沙发。包沙发是个重活难活，一天到晚满负荷地干，十分疲劳。一次，他的姐姐从日本回来，到上海看望弟弟。一看他干着如此累的活儿，吃的住的又那么简陋，她很揪心，回到家里，告诉父母，商量叫和生回家再作打算。姐姐叫和生回来，自有考虑。她的丈夫在日本神户，开了一家专门供应中国料理店原料的店号——信行食品有限会社，生意兴隆。姐姐问弟弟愿意不愿意去神户料理店做活，想不到和生马上表示，愿意去日本闯荡世界。

1934 年 12 月 2 日，汪和生从上海启程去神户。那一年，汪和生 17 岁。在料理店，汪和生干的是杂务。过了一年，好心的店员几次劝告和生，这样做下去学不到技术，还是要学一门手艺才会有前途。好心人的一席话，使小和生开了窍。他左思右想，觉得做西服的裁缝很吃香，可赚钱，于是决定离开料理店，投靠宁波红帮裁缝。

1943 年 3 月初，汪和生拜国信洋装店的宁波人李哲夫为先生，专攻女式西装，开始跨进红帮裁缝的行列。汪和生有一张不成文的"一天工作日程表"。上午 5 时到 7 时半学日语，7 时至 8 时清扫店堂和作场，准备师傅们的缝纫工具，把剪刀、尺子、划粉、纱团等整整齐齐地放在作板上，8 时半开门迎候顾客，10 时做午饭，午饭后洗完餐具，继续上午的活儿，晚饭后有时加班。学徒规定 3 年，3 年到了，再"帮师"半年。在学徒期间，汪和生勤奋求教，两年就已能做全套西装。第一套西装做成后，受到了顾客的称赞，他为自己迈出成功的第一步感到欣喜。

汪和生悟性很高，他精巧的技艺，受到师傅的器重。

学徒期满，汪和生在好心的同乡帮助下，到一家日本人开的洋服店当师傅。精巧的技艺赢得了丰厚的报酬。日本老板给他月薪 85 日元。汪和生珍惜用血汗换来的报酬，全额交给姐姐保管，决心尽快积累资本，自己开服装店，实现自己的梦想。

1955 年，汪和生听说日本即将举办奥林匹克运动会，感到商机诱人。这时，他胸有成竹，而且已有经济实力和技术能力自己开店，独立经营。思路决定出路。3 月 5 日，一个春暖花开的吉日良辰，冠名"幸昌"的洋装店开张了。幸昌洋服店设在神户的闹市区东亚路上，租用一座两层两间半街面房，一楼作店堂，二楼是工场。堪比上海南京路的东亚路，人流、车流组成了时尚流、信息流。幸昌洋服店周围洋服店成群，宁波人开的店号大多在这里，如益泰昌、顺泰、炳昌、兴隆等。汪和生立志在这条大街上大显身手。

幸昌独辟蹊径，定位日本女装市场。店堂的落地玻璃大橱窗，双扇玻璃大门，是很气派的。门内铺了厚实的猩红地毯，英国、德国、意大利进口的呢绒上架排列，时髦样装穿在模特架上，所呈现的高标准、高规格、高质量的设计，吸引着过往行人。神户举办奥运会时，当地游人如织，使得幸昌的营业额直往上升。几年后，幸昌在神户的洋服店中已数一数二。幸昌主营的女装有西装、时装、裙子、裤子，各种面料，各种款式，以西服为大宗，不仅在神户，而且在全日本都有一定的影响。有一年，日本派伊岛小姐出席在法国举行的世界模特大赛。日本有关部门委托汪和生为伊岛设计缝制服装。这是事关日本国家声誉的制装任务，汪和生欣然接受。他用粉红色的日本马拉耳纺织厂出口的高档面料，做成精美别致的礼服。伊岛穿上汪和生制作的服装，在 T 台上表演，赢得了世界各国代表的好评，产生了轰动效应。又有一年，汪和生接受了为日本出席世界妇女大会代表制装的任务，可见他的水平已为日本政府认可。幸昌在做女装的同时，也做男装。日本国出访的大臣、使节，曾多次委托他制装。"幸昌"是品牌、是卖点，也是汪和生的代名词。一次次成功，一回回热销，使汪和生声名鹊起，誉满东瀛，更使他激流勇进，攀登服装事业的高峰。

38 岁那年，这位大龄青年终于圆了婚姻梦。他在神户第一楼，举行了婚宴。妻子淑华，是福建人。在神户，先后有 20 个日本姑娘看中汪和生，希望嫁给他，但都被他婉拒了。汪和生自有考虑，他说："我是中国人，地地道道的炎黄子孙，人虽在日本，心却向往中国，讨老婆一定要娶中国姑娘。"婚后40 多年间，夫妇情投意合。他们生了 5 个儿子，都学业有成，经商办企业，个个成功。二儿子专门与宁波人做席草买卖，2003 年成交额达 16 亿日元。说起 5 个儿子的婚事，汪和生坚定不移，反复强调：一定要娶中国姑娘。5 个儿子都听从父亲的"指示"，娶了中国姑娘为妻。汪和生谆谆嘱咐儿孙：一定要学中国话，写中国字，做中国人！

有一年，奉化市领导章猛进与省、市领导组成代表团赴日本考察。代表团的行程是先到东京，后去神户。日本新闻媒体报道后，东京的宁波同乡会与神户洋服店的卢德财先生联系接待之事。卢德财与汪和生商量。汪和生立刻表态，说："奉化是我的老家，现在老家的官员来日本，我一定热忱接待。不管用多少钱，我们承担。"

1989年5月，汪和生与卢德财和姐夫江永福3位老华侨，捐资修建的奉化云溪小学教育楼如期落成。过去破旧的矮平房改成宽敞明亮的400多平方米的楼房，师生们兴高采烈，汪和生也很欣慰。这所小学是他父亲当年创办的鼎新小学，是他读小学的地方。两代人的夙愿，相继实现了，发展了！2003年为整治剡溪河道，汪和生又捐款1万元人民币。他还承诺："我们中国政府有什么要我帮忙的，我一定帮忙，决不推辞。"

1993年9月，汪和生在奉化市大桥镇东郊工业区办了一家外商独资公司——宁波东亚管件制品有限公司。在公司名称中，他把出生地宁波与创业地神户东亚路连在一起了。如今，他仍作为公司的总经理，两地频繁往返。

曾经有一位从世界服装之都法国服装学校留学回来的日本设计师，想与他比高低。那位设计师打样就用了整整3天时间，而汪和生在短短的4个小时内就设计裁剪完毕。汪和生高超的技艺令那位设计师心服口服。汪和生的高超技艺还引来了一批批前来拜师学艺的日本姑娘。她们文化水平一般是中学毕业，家境都不错。汪和生规定她们学习3年，自带衣料，15~18人一批，安排食宿，分批辅导。从练基本功起步，到掌握缝纫全套技术结束。至1998年，全日本数以百计经他培训的学生，都有一技之长，成了日本服装界生气勃勃、大有作为的接班

汪和生（左一）在宁波的一次服装展销会上

人。逢年过节，学徒们会不约而同前去拜望汪和生师傅，报告各自的成就。

回顾半个多世纪的拼搏，汪和生说："需要的是打老虎一样的胆魄和勇气，滚钉板一样的跨越艰难险阻的毅力和决心。"

汪和生高尚的德行和非凡的业绩，博得了旅日华侨的赞扬，他先后担任日本关西华侨洋服业公会会长和日本兵库县浙江同乡会名誉会长。

附：2003 年 12 月，神户市宁波出身的洋服业者

同昌洋服店	周春来
益泰洋服店	周盛赓
鸿信洋服店	崔鸿甫
炳昌洋服店	卢德财
幸昌洋服店	汪和生
源昌洋服店	姚光明
和昌洋服店	沈岳亭
生发洋服店	孙生发
同康洋服店	柯继泉
顺泰洋服店	柯忠根
王记洋服店	王国兴
华昌洋服店	王信根
福康洋服店	张士康
钱富洋服店	钱富贵

关西华侨洋服业公会　社长卢志鸿　副社长　沈宏华

服装科技功臣陈康标

　　陈康标，1933年8月出生在奉化县蹭驻乡三石村，14岁离别故乡，到上海当学徒，在姑丈严鹏云的呢的西服店学习西装工艺。

　　1950年年初，陈康标学徒期满，但上海的西服市场每况愈下，呢的生意清淡，陈康标失业了。在这以后的5年中，为了求生存，他加入失业工会。在工会举办的夜校速成班学习文化，从小学到初中，学了语文、算术、历史、地理等不少知识。20世纪50年代后期，苏联有大批西装大衣要在上海缝制，陈康标有幸进入加工出口大衣的工场，不久大衣工场改名为上海华丽服装厂，他成为服装厂的一名工人。由于他技术高，不久便担任裁剪组副组长。几年后，华丽服装厂易名为上海第二十五服装厂，主要制作西装大衣。陈康标负责检查质量，业余时间还负责青工、学徒的技术培训。

　　1965年，根据上级的决定，陈康标被调到上海市服装工业公司中等专业技术学校任教师，并担任编写专业教材的任务。新的岗位和工作要求陈康标尽快熟悉男女各类服装技术，于是，他到鸿翔、朋街、"四十八社"、第一衬衫厂学习女装和衬衫技术，编

陈康标先生

写了男女服装教材数册。将实践提升到理论，陈康标在服装发展的道路上前进了一大步。

"文革"时期，这所服装中专的学生上山下乡，去接受贫下中农再教育。为了帮助学生在插队落户期间更好地为农民服务，在学校的安排下，陈康标作为主编，编写了《工农兵服装裁剪》一书，并发予学生人手一册。同时，学校又将该书送给上海市服装公司所属各厂作为技术资料，深受学生和各服装厂的欢迎。1970 年秋，由于教师队伍解散，陈康标被调到上海市服装工业公司生产业务组以干部身份"抓革命，促生产"。

1972 年，全国各地创办"七·二一"工人大学。陈康标被调进学校，成为服装工业系统工人大学的教师。"文革"结束后，他又被调到上海市服装工业公司技术科，具体分管衬衫、西服、童装等行业技术质量工作，为公司改革制定了《技术质量管理条例》。此条例为整顿技术质量工作提供了指导性依据。

20 世纪 70 年代后期，我国支援伊拉克，上海市服装公司组织数百名服装工人劳务输出。为帮助伊方自己管理童装厂，公司指定陈康标到伊拉克实地考察，并与企管科长合编了《童装厂企业管理》，为伊拉克服装骨干培训提供了教材。

20 世纪 80 年代，陈康标先后 3 次负责为上海市服装公司所属各服装行业的技术人员晋升技术职务的考核拟题，制订标准答案，组织培训，参与阅卷和实物评定工作，并配合干部科拟定《上海市服装公司工程技术人员任职条件》，他还参与审查了国家轻工业部《全国服装工业工人技术等级教材》《服装工人技术等级考核标准》和《服装工序定额标准》的有关技术内容。陈康标不仅为技术人员晋级创造了条件，而且他的这一工作有力地促进了技术人员的技术水平和管理能力的提高。

1982 年，陈康标加入了中国共产党。1985 年 3 月，陈康标被任命为服装公司职工中等专业学校副校长，具体负责学校的教务。这是他第3次从事教育工作了，这次与前两次不同，一是被委任为副校长，分管专业教育和"三产"，二是被纺织部聘为《全国服装中专学校统编教材》的主审，负责这套教材的全部技术内容，三是他为《中国百科全书》编写了部分服装条目。这样，从1985年3月至1990年5月，陈康标执着地与校长袁俊德一起，为学校教育质量的提高和发展倾注了自己的全部精力。该校学生毕业回厂后大都担任了厂长、科长或从事技术、设计等重要工作。

1990年5月，陈康标被调任上海市服装研究所副所长、国家服装质量监督检验中心（上海）常务副主任和上海服装质量监督检验站常务副站长，主管质检工作。产品质量是企业的生命，它直接关系到百姓的生活，也关系到党和政府的形象。陈康标深知检验中心单位虽小，但国家赋予的权力却大。检验中心掌握着服装产品质量的"生杀"大权，关系到企业的生存发展和消费者的利益，因此必须坚持公正科学、实事求是、监督与服务相结合的原则。为此，从1990年第4季度起，在对西服、时装、丝绸成衣、羽绒服装等产品的国家质量监督抽查中，质检中心都能依法严格检验，又能公正廉洁，发现问题，与企业沟通，指出原因，帮助改进。质检中心还多次为企业讲课，传授科技知识和质量方针。在陈康标的倡议下，国家技监局连续3年将羽绒产品的合格率在《人民日报》上公示。1995年为迎接世界妇女大会在中国召开，在陈康标的建议下，国家技监局对妇女用品专项抽查公告9次，起到了扶优治劣的作用。

1991年、1992年，陈康标主持的上海服装质量监督检验站被上海市经委、上海市技术监督局、上海市质量管理协会被评为上海市质量管理先进集体，1996年，因上海市技术监督局推荐，其又被国家质检中心评为全国先进单位。1998年8月，65岁的陈康标退休。

退休后，陈康标被聘为国家服装检验中心和上海市服装检验站高级顾问，上海市服装集团公司顾问。他走南闯北，曾为上海培罗蒙、开开，宁波杉杉、雅戈尔、罗蒙，温州夏蒙、华士，江苏红豆，山东耶莉娅，湖北美尔雅，天津大维，北京顺美和中国服装总公司生产基地等大型服装企业多次进行技术指导，帮助企业提高产品质量，业内的人尊称他为"老法师"。

陈康标常说："只有热爱家乡，才能热爱祖国。"他特别关注宁波服装业的发展，并竭其所能给予支持。在他的指导下，罗蒙西服在中国"十大名牌"评比中获得了质量分第一；在他的帮助下，杉杉集团和宜科（牦牛）科技实业公司均在全国同行中首先通过 ISO 9001 质量体系认证；他为雅戈尔集团引进人才，在上海为雅戈尔集团的广告片录像时，他以国家服装质检中心负责人的身份，热情介绍雅戈尔免烫衬衫的特点。在职时、退休后，他常常关心宁波的几家著名服装企业，凭他丰富的经验，给宁波服装企业出谋划策，尤其在新产品的开发、企业质量管理等方面为家乡的企业倾注了大量的心血。

从 1947 年 1 月进入服装业到 1998 年 8 月退休，追昔抚今，在长达半个世纪的岁月中，陈康标从青春年华到华发苍髯，为服装业贡献了一切。他不仅在业内鞠躬尽瘁，而且还担任许多社会工作。如：1985 年，担任上海市服饰协会理事；1985 年，任《现代服装》杂志编委；1985 年，担任中国首届服装创新设计"金剪奖"评委；1987 年，担任中国纺织工业部"服装专业高级专业技术职务评审委员会"委员；1989 年，担任上海市纺织工程学会服装学术委员会秘书长；1990 年，被国家教育委员会职业技术教育司聘为"九〇年全国职业中学服装制作比赛评判委员会"委员；1990 年，被聘为上海市服装行业协会技术顾问，后转为专家委员至今；1991 年，被农业部乡镇企业司聘为"九一年农业部男西服、男女西裤、服装评比委员会"评委，并推选为评委主任；1992 年，担任首届中国"西服十大名牌"评委，实物质量评定组负责人；1993 年，担任上海市服饰学会专家委员会委员；1991—1995 年，被中国纺织大学服装学院聘为"服装专业研究生学位论文答辩委员会"委员，参加了部分研究生毕业论文答辩；1995 年起，任中国服装协会第二届第三届理事，同年任中国服装协会西服专业委员会技术顾问；1996 年，任中国服装协会羽绒服装及羽绒制品专业委员会技术顾问；1996 年，被聘为奉化市服装协会顾问，后改名为奉化市服装商会顾问；1997 年，被聘为温州市服装商会顾问；1997 年，任全国衬衫行业操作比赛评委负责人之一。

　　事业有成、成绩显著的陈康标获得了不少荣誉，如：1988 年，列入由江泽民题词的《上海高级专家名录》；1995 年，获得上海市优秀质量工作者称号；1996 年，上海服装集团公司授予他"科技功臣"荣誉；1999 年，上海市服装行业协会授予他"资深企业家"称号；1999 年，中国服装协会授予他"为全国服装行业发展作出贡献"称号。他的名字，2002 年被列入《中国专家人名录辞典》和《世界优秀专家人才名典》（第二卷·下）；2005 年，中国亚太经济发展研究中心将他增补为"行业高级研究员"，并授予他 2005 年度中国百名行业风云人物称号。

20

女装高级技师蒋海良

在以精做男式西服而闻名的红帮裁缝圈子里，也有一些精通女装的，原上海服装一厂设计师蒋海良就是其中之一。

蒋海良，祖籍奉化白杜孔岻村。1928年1月出生于上海，15岁那年从师女装制作高手张金根，后又进入女装裁缝张阿妙开设的张宝记女式西服店学习女装设计与制作。

1945年春，他曾一度离开张宝记到杨马发时装公司当裁剪，一年后又回到张宝记女子西服店。1949年3月至1950年11月，蒋海良到淮海中路嘉玲

蒋海良先生

时装店定样。1950 年起，上海西服业衰落，直到 20 世纪 50 年代中期以后，随着我国对苏联贸易的进展，上海接了一大批西装、大衣的出口业务，市里为此建立了大衣工场，蒋海良以技术见长，进入第 8 服装生产合作社。

1956 年 6 月，蒋海良被调入上海市第一服装厂，专做呢料服装。该厂属上海市服装公司，公司名下有 70 多家大小服装厂。在上海第一服装厂，蒋海良负责服装裁剪，兼管检验、打样、设计。他工作努力，肯钻研，能吃苦，身边总是带着小本子，一有空闲，便绘制服装图样，设计出了一款款女装样式。以后他又负责出口加拿大、美国等国家和我国香港地区的外贸服装制作。

1980 年，改革开放风起云涌，服装业复苏，蒋海良奉调回到上海市第一服装厂，开启了蒋海良一生中的成熟期、闪光期。

蒋海良的业绩尤其表现在女装设计上。随着经济的发展和生活水平的逐步提高，人们对服装款式的要求也越来越高。蒋海良走出打样间，专职搞设计。领导也给他创造了更多"看"的机会，不仅在上海参观各种展览会，还到美国、加拿大、北京、广州、深圳等国家和城市学习考察，大大开阔了视野。与此同时，他广泛查阅各种服装期刊，汲取新的理念，汲取他人的长处。尤其在流行新潮与保持民族传统方面，他绝不照搬照抄国外款式，而是取其精华，与民族文化融会贯通。光是 1980 年，他就设计了 124 个新品种，试样选中率高达 80% 以上。

在蒋海良收藏的一沓沓 20 世纪 80 年代"上海市服装公司新品种设计任务书"中，以上海第一服装厂作为填报单位，琳琅满目地展示了他当时设计的女装新款。如影倩衫套裙、妍倩衫套裙、彬倩衫套裙、雅倩衫套裙、青果领套裙、低驳领连袖套裙、大驳角领套裤袖长大衣、双叠门连衣袖长大衣、蝴蝶衫、圆无领短袖连衣裙、粗花呢连袖卡曲等。这些女装款式体现了改革开放以来中国女性的精神面貌，也反映了蒋海良顺应时代潮流的非凡进取性。

作为设计师的蒋海良有他自己的设计风格。他坚持求新、求变、求异、求美的设计原则。他不但熟悉不同面料在女装设计中的不同要求，了解西装、大衣、衬衣、睡衣、裙子、披肩等各种款式，而且擅长从人们的自然体态、个性及环境出发，设计出富有个性的时装。他说："我的作品着重表现中国女性秀丽的体态、端庄的仪表、纯朴的气质和典雅的风度，比较规矩而不带夸张，适应中老年妇女的习惯，并在保持原风格的基础上有所创新。希望广大中老年女同志思想解放一些，穿得漂亮一些。"功夫不负有心人，蒋海良终于成了业内公认的设计名师，同行们一提起上海第一服装厂，便会想起蒋海良这个"写实派"的设计师。

蒋海良不仅在设计上卓有成就，而且在服装教育上也有很大的贡献。他出身贫苦，小学没有毕业就辍学当了学徒。新中国成立后，他下苦功夫，利用业余时间，在上海复兴中学夜校和共和中学学完中学课程，达到了高中文化水平，这为他对服装事业的贡献奠定了基础。1981年，上海市服装公司组织技术人员编写服装工人技术等级教材，蒋海良被借调到服装公司负责女装教材的编写。这本教材与其他几本汇集成套，为提高上海市服装工人的技术水平和整体业务素质发挥了重要的作用。他还应邀到中国纺织大学服装系、上海工程技术大学服装学院和高等服装专科学校参加毕业生论文答辩，并登上高等学府的课堂，为莘莘学子讲课，传授时装设计的原理和技巧。

一项项荣誉、一本本证书记载着蒋海良在服装领域骄人的业绩。1982年，他设计的两款服装参加全国学生服设计比赛，分别荣获一、二等奖；1983年，他的作品被上海市服装公司评为先进设计品种；1984年，他被上海市手工业局评为技术能手；1984年，上海市服装公司授予蒋海良先进个人称号；1985年，上海市服饰协会聘请他为科技理事，在上海市轻工业局举办的服饰配套展览会上获得最佳设计奖和优秀设计奖；1986年，上海市服装行业协会聘请他为第一届理事会技术顾问；1986年元旦，上海市服装公司、解放日报社、上海电视台和生活周刊《生活沙龙》举办了"86之春上海服装设计发表会"，蒋海良、叶德乾、钱士林等9位服装设计名师和新秀被隆重推出，蒋海良的作品获得二、三等奖；1987年，蒋海良设计的西装镶色夹克和吸腰泡连袖三件套在"八·八之春"上海流行服饰发布会上被评为二、三等奖；1987年3月，蒋海良设计的作品荣获设计一等奖；1988年，蒋海良获上海流行服饰发布会名师，进入高级服装设计师行列，被上海市纺织工业局授予高级工艺美术师；1992年，蒋海良得到了上海市纺织工业局的表彰；1999年，蒋海良得到了中国服装协会的表彰……

　　面对成绩和荣誉，蒋海良淡然处之。他再三陈述：这只能代表过去，不能说明将来，我还需要继续努力，不断设计，以求得市场欢迎。

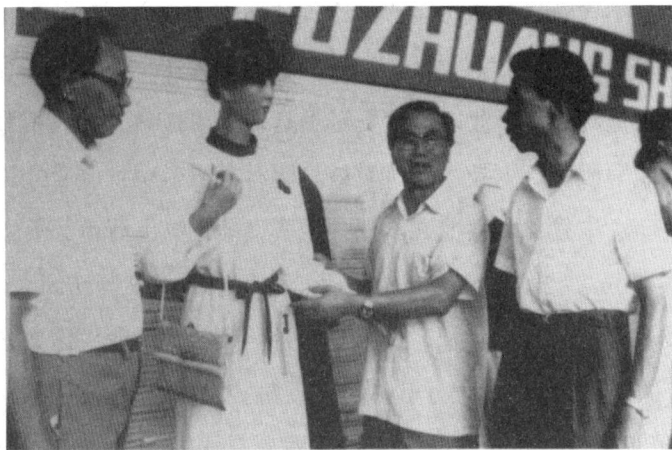

蒋海良工作照

21

蒋显庆知道的旧南京宁波人西服业

一、蒋显庆从业经历

1941 年春天，在宁波奉化县江口镇蒋葭浦村，18 岁的后生蒋显庆与父母依依不舍告别，由亲戚带领，乘轮船来到位于上海湖北路（俗称大新街）的泰兴呢绒西服店。

泰兴呢绒西服店是鄞南周家埭人周惠庭开设的。周惠庭在上海接连开了泰兴、大同两家服装店和一家松记呢绒批发号。

大新街上，穿西装革履和改良旗袍人士很多，并常到泰兴来定制西装，选择料作。老板周惠庭，店里都称他为先生，总是殷勤接待顾客，礼貌地送来迎往。蒋显庆学的是在店堂站柜台的技艺。他时刻牢记父母的再三嘱咐，还有与先生的约法三章，学着先生的样子小心翼翼地为新老客户服务。

1941 年 12 月，珍珠港事件后，日寇操控上海租界，服装面料实行统制，上海西服业惨遭倾轧。面临服装市场行情的变化，周惠庭调整经营策略。决定到南京开辟新店，店名是松记呢绒西服店，将销售呢绒与制作西服合二为一，并指定泰兴老职员章道泳为经理。

松记呢绒西服店开在朱雀路的四象桥旁边（后改为太平南路），此处不属于闹市区。店里有从上海过来的七八位男装师傅，清一色的宁波人。1943 年春，20岁的蒋显庆从上海风尘仆仆地来到南京松记，既当学徒，又当客师（即职员），全力协助章道泳工作。但因章道泳疏于管理，两年后店铺严重亏损。周惠庭得知消息，立刻到南京收拾烂摊子，此时，蒋显庆已与华盛顿西服店老板的女儿杨杏英订婚，决定留在南京。

1945年8月，艰苦卓绝的八年全面抗战宣告胜利，蒋显庆进入刚刚开业的新新西服店任职。1946年下半年，他自行辞职，决定做呢绒掮客。后来，蒋显庆的岳父到中山东路开设金陵西服店，该店还兼营呢绒。岳父让蒋显庆当跑街，推销呢绒。

1949年10月新中国成立。蒋显庆几经转折，留在南京，在这期间经营过面料，也开过服装店。1956年公私合营时，在好友、时任金谷女子服饰店经理方富康的帮助下，他到金谷中心店国都门市部上班。8月，蒋显庆调入北京路A、B大楼服装加工厂做总务工作。A、B大楼原是美国驻华大使馆，那时被人民政府接收作为专门接待外国专家的场所，主要是苏联，还有捷克、波兰等东欧国家的专家。1957年9月，新街口百货商店在鼓楼开设南京妇女用品商店，蒋显庆被调到该店服装加工部当营业员，20世纪60年代，他又到服装批发部采购绸布、呢绒服装面料。

1978年前后，蒋显庆牵线奉化、南京两地，将家乡服装厂的服装，推销给南京各服装部门。

二、蒋显庆回忆旧时在南京的宁波人从事的西服业情况

蒋显庆从事服装业30多年，辗转上海、南京，经历了难以忘怀、大起大落的"两个前后"（新中国成立前后和改革开放前后）。2005年6月，应其外甥王汝瑜的要求，他对旧时在南京的宁波人从事的西服业的情况进行了回忆。

李顺昌洋服店，老板是李氏父子俩人，实际上由儿子李簧达掌控。该店抗战之前从扬州迁移到南京鼓楼，在社会上颇有名望。抗战中，李顺昌一度

迁店重庆，抗战胜利后，重返南京鼓楼。因蒋介石在该店订制过两件马披、国民党几个高级将领定制过几套军服，从此，李顺昌名声大振，生意日见兴隆。新中国成立后，在1956年的公私合营时，该店迁移到中山路的胜利电影院隔壁。该店老板一直是李簧达，老板娘王淑华，夫妻俩为李顺昌发展出谋划策立下了汗马功劳。店里师傅有蒋沛清、鲁维攻、陆庭奎。奉化长零头村人蒋沛清，自进李顺昌后，从未跳槽，退休后又继续聘用，一直做到20世纪80年代病故。另外，还有石龙海、吴国柱、李金堂、洪泰康等，原是做"下身"（裤子、背心）的小师傅。

三星西服店，地址在中山路干河沿旁。该店资金雄厚，货源充足。老板魏金昌，鄞县人。南京解放前夕，国民党节节败退。风声传来，魏将货物全部运往上海，在霞飞路（后改为淮海路）开服装店。

华盛顿西服店，地址在朱雀路（后改太平南路），老板是鄞县姜山斗门桥杨家村人杨先荣。抗日战争中南京失守，一个日寇军官在该店定制一套服装，不满意，认为是老板不得力，恶狠狠地打了杨先荣几个耳光。此后，杨把该店交给朋友、同乡人陈鹤林经营。抗战胜利后，杨把店转让给同乡周振生，改名首都西服店。不久，周振生去了北平，杨迁店到中山东路开金陵西服店，兼营呢绒批发。

汇余西服店，地址在夫子庙贡院街45号，老板是鄞县走马塘村人陈渭卿。抗战胜利后，该店迁移到中山路，改名为华纳西服店，有职工3人。陈渭庆的儿子陈吉祥，大学毕业后协助经营。新中国成立后，国内来了不少苏联专家，由于陈渭庆懂俄语，业务大振，获利可观。

华丰西服店，地址在夫子庙龙门街7号。老板郑汉友，系奉化郑家塔人。抗战胜利后该店迁移到中山东路，改名为青年西服店。

极挺美西服店，地址在中山东路。老板是奉化人朱照生，后由侄子朱海宝、朱海富继承。

国泰西服店，地址在夫子庙贡院西街，老板是鄞县人陈良材，经营业务看好。抗战胜利后，陈良材在南京石鼓路陆家里买进了5间平房。

大陆西服店，地址在朱雀路，老板是奉化朱应村人朱富庭。

大东西服店，地址在中山路，老板是奉化尚田畈村人李友世。公私合营后并入李顺昌。

美发西服店，地址在中山路，三位老板都是奉化人。璩鼎松（大桥璩家村人）、范绍法（西坞村人）、董和庭（董村人），三人合股经营该店至抗战胜利。不久三股东拆股分离，璩鼎松回老家，董和庭在山东路开新亚西服店，范绍法留守美发西服店。

新新西服店，地址在夫子庙贡院西街，老板是鄞县姜山村人陈武殿，助理叫柳鹤亭。该店地段优越，业务兴旺，陈、柳二人经营有方，几年后资金扩充拆股。柳鹤亭在朱雀路利用松记地址开设新生西服店。新新由陈武殿独立经营，直至新中国成立。

国际西服店，地址在夫子庙贡院西街，隔壁是新新西服店，老板是宁波洪塘村人方金官。抗战胜利后与新新西服店一起开业。方金官原是上海福州路凤翔服装店的合资股东。他经营有方，胆大，敢于冒险，经常大量透支或借高利贷进货，大获其胜。数年后，上海凤翔拆股，他独资经营。

当时在南京，宁波人开的西服店另有桃源西服店、南京西服店、福源西服店、鸿昌西服店、伟达西服店、大同西服店、首都西服店等。

1956年公私合营，南京的西服业与全国各地一样，将私营经济改造成为集体经济，上述大大小小的西服店都先后并入集体企业。但宁波人对南京西服业的影响，却深深印在南京老一辈人的脑海中，其中服装业中的"三庆"有口皆碑。他们是：蒋沛庆，奉化长岭头人，历任李顺昌裁剪师；谢多庆，奉化人；陈渭庆，鄞县人，华纳西服店老板。他们是名扬一时、各有专长的名师，值得我们追忆。

22

百年名店李顺昌

清代光绪二十五年（1899 年），在苏州葑门城内天赐庄，宁波人邬顺昌开设了一家裁缝店。天赐庄位于苏州葑门城内望星桥以东，是南宋初皇帝赐予功臣韩世忠的庄园，故得名。清代晚期已沦为荒滩、菜地、殡舍之区。

奉化西坞李阁师桥村人李来义，机灵勤快，二十岁出道，因为与邬顺昌的同乡关系，在邬顺昌裁缝店打工。邬家夫妇看中其过硬的基本功和勤奋好学的品格，招之为上门女婿。邬家老两口逝世后，1904 年，李来义将邬顺昌

李顺昌裁剪师、
奉化人罗发育先生

李顺昌洋服公司内景

裁缝店改为李顺昌裁缝店，祈求事事顺达，年年昌盛。

李来义育有四子三女。李来义长子李宗标，1902年14岁，只身到上海，在一家日本人开的西服店学艺两年，学会了一口流利的日语和西服缝制技艺。1905年17岁，在苏州结婚成家立业，接过父亲的班，第二年，夫妻俩在上海铁马路开设李顺昌服装店。1914年，李宗标又回到苏州，在严衙前开设李顺昌服装店。开业时的头两年生意清淡。迨至东吴大学堂开学，而后东吴附中、博习护士学校成立，生意好了起来。

1915年，李宗标经过再三考虑，赴南京，在鼓楼附近的湖北路上租了三间高平房，李顺昌服装店在此挂牌营业。1917年前后，该店专做金陵大学和南京高等师范及各所中学的制服。此后，兄弟四人分家析产，李宗标与二弟李增坤、三弟李增泳继承店号"李顺昌"。李增坤到扬州开设"李顺昌"，李增泳接替苏州老店"李顺昌"，四弟李春荣在苏州城外开设"李春记"。李顺昌仍定居南京，寻求发展。

定店南京，李宗标自有其考量。辛亥革命胜利后中华民国临时政府定都南京，当地人口骤增，社会机构完善，军政要员、达官贵人常来常往。政府倡导服饰改制，衣着开一代新风。当时做一套像样的西服，花费较高。因此，上海和宁波有不少裁缝店争先恐后迁到南京，繁华地段的西服店，追随着时尚，接二连三开业，价格竞争十分激烈。李宗标是"科班"出身，裁剪、算料十分内行，并善于处人应事。他把握商机，一方面利用上海几家服装店的样本主动上门服务，兜揽生意，采取来料定制和看样定制，另一方面与上海一方合作，由对方出资批量加工，解决资金不足问题。他还结识了一名列车员，让他顺便把订样与面料以及交付顾客的成衣带去上海，从而节省了旅差费。技术上，他综合了父亲的嫡传秘诀和自己扎实的功底，从面料选择、量体裁衣到缝制工艺诸方面都精益求精，博采众长，且打造了自己门店的特色。每件西装、中山装务求软、挺、美、牢、潇洒、华贵；店里又推出来料和看样定制的服务，面料、辅料均从上海采购，经铁路运输，减少中间环节，扩大利润空间。李宗标又通过朋友引荐，结识了中山陵的总工程师刘梦锡，得到一笔贷款。他还在太平南路与别人合股开设了大康呢绒店，以缓解紧张的西装面料供应。另外，他又与上海的师兄俞顺昌建立加工合作关系，由李顺昌接业务，俞顺昌出资金加工，承包学生制服，成批生产，统一打"李顺昌"品牌，双方高效运作，利润对半分成，获得了丰厚的效益。李顺昌在不断发展中得到了用户的赞美，当时有一句顺口溜说："穿西装，到李顺昌。"李顺昌起先在鼓楼以南中山路上租了三间店面房，到1934年买下了店面房，由3间平房扩为两个门面的7间房屋。

正值李宗标大展宏图之际，抗日战争的烽火中断了他的发展进程。在残酷的枪炮声中，李顺昌不得不随大流歇业逃难。经过全店总动员，李宗标带着30多个工人，肩背手提缝纫设备，随着成群结队的难民长途跋涉，一路辗转，最后落脚重庆，在打铁街租了一个三层楼店面，重起炉灶。因一路辛劳，李宗标积劳成疾，李顺昌的重任落在其独子李簧达的肩上。

李簧达，1905年10月出生于上海的铁马路李顺昌服装店，1913年到1917年在苏州东吴大学附属小学读书，1917年到1920年在南京大石桥高师附小读书，1921年至1926年，在南京、上海的中学读书，中学毕业后帮助父亲，1934年结婚。

1941年，几经挫折，李宗标、李簧达父子俩将李顺昌店搬到临江门内夫子池。父子俩重整旗鼓，四处活动，通过家中的房客，上海章华呢绒厂驻重庆办事处江经理，结识了毛纺业头面人物、舟山定海人刘鸿生。刘鸿生（1888—1956），中国近代著名爱国实业家，被誉为"中国火柴大王"和"毛纺织大王"，曾任第一届全国人大代表、中国民建常委、中华全国工商联常委等。1938年，刘鸿生在重庆李家沱创建中国毛纺织厂。李家父子和刘鸿生几经洽谈，双方经过谋划，决定合作。他们奉送给国民政府五院十部的官员每人一套西服、一套中山装和一件呢大衣。刘鸿生提供面料，李顺昌负责服装制作。如此操作，三方都沾光受益。刘鸿生图的是通过国民政府扩大呢绒销路，李顺昌则想得到靠山和后台的支持。此后，李顺昌改换门楣，底气十足地挂上了"李顺昌呢绒服装店"的金字招牌，使店铺格外吸引眼球。为了免受日军飞机的轰炸，李顺昌赚了钱不敢囤积货物，目光紧盯黄金白银，专买金条。在重庆的几年，其共约购买100根金条（10两1根），秘密地存贮在放牛坪乡下的破草房的地底下。

1937年10月，苏联首批援华志愿飞行员到达汉口，除参与对日空战，还担负着训练中国空军人员的任务。李簧达通过在国民党空军飞机师就职的同学陈华兴，以及励志社的同学黄仁霖的关系，在重庆苏联空军招待所设点营业，获利颇丰。同时，为方便运输，李顺昌在陈华兴的帮助下，从国外直接进口原料，从原产地进货，这样既价格低廉，料子又时新。在重庆期间，李顺昌做大做强，又相继在昆明和成都设立了五个分店。李宗标曾带着工人在昆明的美军招待所设营业点，改制衣服。在后续的两三年里，李顺昌的业务触角延伸到西南的滇、赣、渝、鄂等地。

抗战胜利后，李宗标一家于1946年告别重庆，乘长江轮带回100多根金条回南京复业，店址设在鼓楼中山路510号。当年5月，李顺昌在南京市政府社会局营业登记，经理李簧达、资本3000万元。当时李顺昌店里做男女式服装的各有40人，还有5个店外作场。抗战胜利，日本投降，山河光复，市面苏醒，南京一度出现了繁荣的景象。国民政府的一些接受大员把接收变成了"劫收"，他们以搜捕卖国投敌分子为名劫收了各种财富，转而挥金如土。因此，服装业一度兴旺。抓住这个商机，李顺昌将生意定位在高档呢绒洋服，接触的多是上流社会高消费群体。凭着老牌子，李顺昌常常宾客盈门，高朋满座。李顺昌还依靠其在银行的关系，调拨头寸方便，大量积存货物，在物价一日三涨下，存货增值。

为承接大批业务，李顺昌的工人工资在同行中比较高，生产工人实行计件制。为了鼓励职工，激发积极性，李顺昌采取免费供应中餐、节日酒席宴请、租船游秦淮河、技术人员发红包高额赏赐等措施。因此，每到节日工人们都自觉做夜工。对一时不小心烫坏衣服的工人，老板会告诫他们要细心谨慎，只要吸取教训不再出差错，就可以不赔偿。凡想进店的技师，规定每人先做一套衣服挂在墙上，留职停薪，经过三天回潮观察，衣服不褶不皱、经得起时间和气候考验的方可录用。李顺昌对学徒工改变待遇，发给津贴。第一年3元、第二年10多元、第三年和老师傅一样计件，以促使他们效忠出力，并专心致志学技术、求上进。老板兑现多劳多得，职工纷纷献计献策。如做衣服严格规定工序规程，认真执行，衬头必须落水，晒干后再做。每件衣服规定要上九道铁车（缝纫机），有些必须手工缝制，达到既挺且美、不走样。除此之外，李顺昌还从上海重金聘请技艺高手，如鲁维政、蒋沛钦等，人才济济，大家切磋琢磨，你追我赶，奋发向上。南京极美服装店的裁缝师蒋沛钦技艺超群，当他生病在鼓楼医院住院时，李宗标特地去拜望，并为他付清了100银圆的医药费，这在当时是不小的数目。蒋沛钦深受感动，病愈后立即辞离极美来到李顺昌。回想当年在重庆的服装业有"五虎上将"之称的高手，李顺昌占了"四虎"，其中邬荣耀师傅为一致公认的技艺最高的一位。

李顺昌做生意，对富有的主顾会多赚点，对一般的主顾，但体型好的，宁可少赚，因为体型好的穿上李顺昌的衣服，便做了活广告。

新中国成立后，李顺昌从鼓楼迁到中山路76号，店面地段更趋闹市。政府从人力和财力方面大力扶植支持，生产经营场所面积骤然扩大几倍。社会知名人士和政府各级官员成了李顺昌持续不断的常客。在公私合营时，江苏省南京市领导亲自过问。李簧达还与南京工商业著名人士一起，受到过毛主席的接见并握手勉励。刘伯承元帅先后在李顺昌做了四套服装，彭冲离任调上海市任职后，仍会定购李顺昌西服。还有时任上海市委员一书记、上海市市长的柯庆施，以及画家傅抱石等艺术家也是李顺昌的常客。

改革开放以来，人民生活水平提高，西服热兴起。从 20 世纪 80 年代起，到李顺昌做衣服，往往要排队预约。李顺昌顺应历史潮流，改革经营管理体制和分配机制，更新设备，培养新手，全店上下，坚持西服制作的 18 道工序，精工细作，一丝不苟。同时，一批设计师、裁剪师、缝纫师在传、帮、带中脱颖而出。他们从严要求：裁剪时刀工准确，丝缕顺直；缝制时车工针脚精细，疏密均匀，采用"推、归、拔"等传统工艺使服装内质柔软，外观挺括，做工精细，整体华美，不壳、不裂、不变形。他们以理智的思考和细腻的打造，集思广益，潜心苦练，不断开发新产品，推出燕尾服、司摩根礼服、弯刀领婚礼服、摩灵岗昃礼服、小腰身长燕领套服和长短大衣等，将产品的档次续接历史和未来，向更高的目标攀登。

李顺昌以匠心之力，质量过硬，经营有方，仅从 20 世纪 80 年代到 90 年代的十多年间，桂冠不断，荣誉不断：1983 年，在商业部举办的春夏服装新款评选会上，西服获优秀设计奖；1989 年，燕尾服参加全国旅游服装评比，荣获二等奖；1995 年，西服被江苏省评为消费者信得过产品，并授予金杯奖；同年，公司被国家内贸部授予"中华老字号"；1996 年，获南京市质量信得过产品奖。1998 年，美国前总统布什到南京大学讲演，急需定制一套博士服，公司指派技术骨干，按时按质交货。矗立在南京市新街口的孙中山先生铜像所着的服饰，也是按照 1994 年更名的李顺昌洋服公司的样衣制作的。

百年名店，焕发青春，红帮裁缝名不虚传。在李顺昌百年艰辛的创业道路上，红帮裁缝一直是他们器重的技术力量，因红帮裁缝师傅的精工细作，把住了质量关；因红帮裁缝的言传身教，培养了一批批艺徒，挑大梁，成名师；因红帮裁缝的经营理念，继承了明礼诚信的优良传统。前面提到的蒋沛钦，系奉化西圃长岭头村人，1912 年出生，1929 年到上海荣昌祥呢绒西服店当机修工，后在上海洽兴、鸿泰服装店工作，1946 年在南京极挺美西服店工作，1956年到李顺昌任裁剪师。他与李家是同乡又是同行，与李家配合默契，在裁剪与试样方面有一身绝技。早前退休的陆庭奎、张汉富、石龙海、李金堂、吴国柱等都为李顺昌的发展立下了汗马功劳。如今位于南京升州路与集庆路口的熙南路商业街区的李顺昌旗舰店，是南京人都知道老牌西服店。该店仍坚守宗旨，维护信誉，兢兢业业为百姓们服务，朝着更宏伟的目标，更优质的产品，健步奔向新时代。2012年，李顺昌品牌传承人钟强被工商联评为"中华老字号传承创新优秀掌门人"称号。2019年8月，改制成立的钟强顺昌服装有限公司，经理钟强被秦淮区文化和旅游局公布为中山装传统工艺的"非遗"传承人。

这里还值得一提的是，在国内掀起西装热的年代里，宁波的一些服装企业与李顺昌合作，迷霞、罗蒙、雅戈尔、爱尔妮等厂家生产的数以万计的衬衫、西装，曾借"李顺昌"这个著名品牌，贴牌销售。

从清代光绪二十五年（1899年）至今已有两个甲子多了，李顺昌从邬顺昌一路走来。在漫长的岁月里，红帮裁缝们恪尽职守、培育经典的故事，值得我们深刻解读。

（本文根据留英博士王迪雅2021年从南京李顺昌洋服公司获得的资料和王以林提供的资料充实整理）

23

红帮裁缝精英杨鹏云

杨家碶头

奉化县西坞区杨家碶头村，地处平原，河网纵横，每值雨季，山洪暴发，河道泄水较难，积水数天不退；然而，逢久旱则水田龟裂。古代，村民在溪流里筑堰坝，用条石作碶槽，木板为碶门，拦水溉田。杨家碶头，这个带有农耕文明色彩的名字，延续至今。勤劳朴实的村民们以务农种田为生。该村有个中式裁缝出身的杨和庆，与不少土生土长做裁缝的同村人一样，擅长缝制中式衣裳，比如葡萄扣长衫、马褂、旗袍和对襟衫之类。但当时有句话叫做"男做女工，一世命穷"，男裁缝被人看不起，低人一等。后来杨和庆适应时势，改做西式服装，距今八九十年前时，在宁波浩河头的大世界对面开设了永和服装店。

杨和庆的一位同乡好友王纪恩，系邻村茗山北面的浦口王村人。他以撑木材船为业，育有一独女王慧玲，生性贤淑。杨和庆之子杨鹏云与王慧玲长大成人后，由父母作主，缔结婚姻。那时，杨和庆与王纪恩虽不是村里的富裕人家，但凭自己的劳动技能，家境衣食无忧，双方也算门当户对。不久，杨和庆在杨家碶头村择地，王纪恩提供木料，两家共同拼凑资金，建造婚房。这间体面的老式楼屋，门面不是很宽，但进深较长，中间腰节开门，前面是起居室和客堂间，后面是厨房和吃饭间，并有去二楼卧室的木梯。现在看来，一百余年前的房屋，除楼下地面木板因腐朽而改为石板地面外，基本保持原貌。从天井的印有花纹的水泥地和可脱卸的玻璃窗看来，不失当年的风格。墙上，过去有杨鹏云绘的图画，今已被粉刷掩盖。

父亲杨和庆

杨和庆虽是裁缝出身，但他头脑灵活，有眼光，有见识，善于观察社会上人们的衣着变化。清末民初，辛亥革命以后，沿海城市受西方风气之先，马路上不时出现穿西装革履的人士，这样的着装方式吸引了国人好奇又羡慕的眼球。奉化有不少裁缝率先奔向沿海城市，杨和庆就是其中一个。早年他背着包袱，跟着同乡北上哈尔滨和海参崴。海参崴原属中国，1860年《中俄北京条约》签订后，海参崴被沙俄割据，1862年，改为俄国的远东军港，并更名为符拉迪沃斯托克，俄语的意思是控制东方。在20世纪二三十年代，海参崴商贾辐辏，贸易兴盛，市内服装店号接二连三，穿西装的俄国人与中国上层社会，光鲜的衣着招摇过市。当时，世界上流行的西装，根据不同国家、不同人群的体型特征，有犹太派的X形，英美派的T形，海派的H形等。海参崴的中国裁缝，心灵手巧，他们研究俄国人流行的罗宋派西装，抓住特点，以吸引卖点。

杨和庆起初在海参崴的服装工场做下手。在跟着师傅们学艺时，他注意看，留心记。经过几年时间，他的技艺得到默认。在他儿子杨鹏云六七岁时（即1921年左右），经同乡好友介绍，他到日本做西装。杨和庆怀着一份欣喜，漂洋过海到了东京，在王顺兴洋服号落脚，开启了他扎根西服业、提高技艺的艺途。在此期间，他基本上三年回家一次。

1923年9月1号，东京发生大地震，杨和庆落脚的王顺兴洋服店也遭了殃，店主自顾不暇，伙计们拔腿回国。不久，天灾平息，杨和庆接到王顺兴店主的电报，催促他尽快返回。于是，杨和庆又迅即返回东京，继续他热爱的服装业。杨和庆只身在日本做了几年，掌握了日本派西装的裁剪、量身、缝制、熨烫、整理的全套工艺。但异国他乡不是久留之地，杨和庆决定回到故乡宁波发展，打拼属于自己的小天地。

沪甬出道

1917 年，杨鹏云出生在杨家碶头村，启蒙于村小。他从小喜欢写写画画，富有艺术细胞。

1931 年，杨鹏云 14 岁那年，杨和庆特地回国，托同乡好友关系，把杨鹏云送到位于大上海的闹市区——静安寺路 429 号的汇丰西服号学生意，寄希望儿子大鹏展翅，搏击云天。汇丰西服号的老板是江口王溆浦村人王继陶。他 1915 年开办汇丰，10 多年后随着上海的日益繁华，西服生意一路飘红。做父亲的送杨鹏云去上海，还有一个愿望就是，希望他能常看进口的服装杂志，学习上海流行的欧美派西装技艺，在竞争中做大生意。

14 岁的杨鹏云视力好，双手灵活，一天到晚站在作板前穿针引线，学起来得心应手。不过，做学徒十分辛苦，三年辰光，根本没有正式学艺的机会，一天到晚拉风箱 、绞水布，为老师傅跑街买香烟，盛饭、倒尿壶是常事，还要给师父师娘抱小孩、买点心，夜里睡在作板下，一不顺心，还要受老板打骂。"学徒学徒，三年为奴"。杨鹏云只得忍气吞声，暗暗留心老师傅们量身、裁剪、踏铁车、熨衣服，潜心强记，仔细琢磨，日成臻熟。

1939 年宁波沦陷前，22 岁的杨鹏云与一些政府工作人员到县学街一座祠堂里开办的战时青年补习学校进修高中学业，学文科又习理科，这对于他来说是接受学校教育，扩大知识面的一个良机。那时候，能上高中，真是交上了好运，而对于裁缝这个行业来看，上过高中的他算是凤毛麟角，可算是当时浙江省裁缝业中数一数二的知识分子了。

从永和到金龙

16 岁时，杨鹏云被父亲召回宁波，一则是因为他学徒满师，而家里开店需要帮手，二则是父亲要毫无保留地亲自向他教授技艺，口耳相传，让他懂得做西服的每一道工序，以及关键部位的要领。杨鹏云有着画画的天赋，他常利用画画激发创作灵感。因此，他一天到晚地见缝插针不断学习，离不开作板和画桌。他要把绘画技艺渗透到裁缝制装生涯之中。

当时，杨和庆租用宁波浩河头（今宁波市灵桥路）一间二楼的店面房，开设了永和服装店。一楼作为店堂和作场，二楼住人，有 5 台缝纫机和 3 张作板。虽然浩河头不是商业黄金地段，但由于父子俩手艺精湛，为人好客，永和的生意日益兴旺，名声很快打响。人的体型与生俱来，大多数发育正常，但也有少数人凸肚、挺胸、弓背、斜肩，裁缝业中称这些人为特殊体型。为他们做衣裳，要考虑如何弥补缺陷，需要特殊的办法。当时，有个客人姓毛，身材魁梧，肚子有点凸。因为结婚要做一套西装，去了杭州、上海的几家服装店，裁缝师傅看到他的特殊体型都连连摇头，解决不了这凸肚问题。不知听谁说起宁波永和，他便怀着侥幸心理来到店里。杨鹏云细细观察后对他说："要想遮住这凸肚，做西装不能选择贴身的欧美派和细长的日本派西服。"建议他做罗宋派式样，并说："罗宋派强调胸部，以发达的胸肌掩盖肚皮，能充分显示男子汉的壮美和饱满的心胸，凸显男人气质。"从"毛壳"到"光壳"，杨鹏云接连三次试样纠正，成衣后对方十分满意，碰到亲戚朋友逢人就跷大拇指介绍永和的技术和为人。顾客的赞扬是最好的夸奖，从此小店名气逐渐大了。

不久，胸怀大志的杨氏父子，得悉宁波闹市区开明街口和中山路 64—68 号两开间半三楼店面要出盘，但对方讨价 30 两黄金。永和虽有逐年积蓄，毕竟靠手艺赚钱，日积月累，余赀有限。急难之中，靠几位亲戚和杨和庆的知心朋友股方岳的鼎力资助，借到20条"小黄鱼"（即20两黄金），才将这个大店面盘了下来，同时将店名改为新新服装公司，后又改为金龙服装公司。这样，从永和到"新新"再到"金龙"，从小店到公司，是杨氏父子创业路上的一次质的飞跃，也是他们锲而不舍，适应市场需求，开拓发展加速服装商业运转的关键性一步。

1945年8月，抗战胜利，国民扬眉吐气。28岁的杨鹏云奉父之命执掌金龙。这是压力也是动力，他要承担统筹全店的使命，并在经营管理中增长才干。那段时间，是他大显身手、大展才华的时期。因为他在28岁的年龄段，风华正茂，精力旺盛，日日夜夜，加班加点，不知疲惫。另外，业精于勤，他通过与各年龄段、各种人群、各种爱好的顾客接触，打交道，融会贯通，把西装做得既合身又能充分显示美好顾客的形象。

金龙服装公司共有三层，一楼门店是经营场所，蓝底白字的招牌十分醒目。气派的落地玻璃大橱窗陈列着款式最时髦的服装和杨鹏云设计的新颖大方的服装图样，定期更换。从三楼垂下的广告旗，引人注目。进入双扇大门，是接客、裁剪、试样兼财务的空间，同时排列着最时尚的面料，供顾客挑选。往里面伸展的是天井和厨房。三五成群的宁波人鱼贯而入，买卖双方热络交流，不时谈笑风生。二楼、三楼区块既当工场，又做员工休息室、会客室、储藏室。有二三十个车工和成衣工住在一起，有邬阿宝、杨华水、杨华庆等从上海学艺回到宁波的师傅，同吃同住同劳动，切磋技艺，相互照应，感情深厚。金龙销路大开，名气越来越大。

新思路催生新活力，金龙服装公司精工细作，兼收并蓄，款式多样，按照顾客的要求，量身订制。这在当时宁波的同行中算得上是首屈一指。政府机关、学校、银行等不约而同前来定制。蒋介石的一位奉化舅佬毛懋卿穿的西服全都是在他们店里定做的。他是鄞奉汽车公司老板，因此该公司的工作服的制作也全部由金龙包干，可见金龙当时的知名度以及在同行中的卓越地位。

正是因为金龙的名气和影响，该店成了红帮裁缝们切磋技艺、学习交流、交换市场行情的场所。不管是本地还是如从上海远道而来的红帮裁缝，他们有共同的心境，都不约而同来到金龙。有的直接找杨鹏云，杨鹏云也毫无保留，倾情传授。那时候，农村贫穷，有的人从乡下到宁波，金龙是他们首选的落脚点，杨鹏云只要一听对方讲的是奉化话，马上接待，免费提供食宿。想做学徒的一律收留。以后，这些学徒期满，拜别杨鹏云，到别处创业谋发展。过年过节，他们常来拜望师傅，使杨鹏云倍感亲切。更为难得的是，1940 年 10 月 27 日，日军 731 部队在宁波制造鼠疫，开明街和江北一带的贫民区瘟疫四散，一大批居民染病。国民政府为防止瘟疫蔓延，竟要把那些瘟疫患者强制焚烧，丧尽天良。那段时间，杨鹏云放下店里的生意，动员参股的股东和服装业的同行，出钱买赈灾物品、药品，不顾个人安危，带头进入贫民区救助灾民。

长衫改制中山装

1949 年 5 月，宁波解放。

新中国成立后，杨鹏云响应政府号召，参加了手工业联社，1954 年又加入宁波市第一服装生产合作社，金龙成为合作社的一个服务站。杨鹏云除了负责金龙服务站之外，还成为合作社的技术方面的顶梁柱。进合作社不久，他就做了一件很出色的工作——把一件长衫改制成一套中山装。因为那时，新中国百废待举，百业待兴，增产节约成为整个社会生活中的一个基本准则。在服装界，如何节约布料，成为人人关心、讨论的重要话题。杨鹏云反复计算，设计了多种方案，经过多次实验、改进，终于成功地将一件长衫改成了一套中山装。此事受到广大消费者和服装界的赞扬。在当时，这确实是一个很有意义的创造性贡献，宁波市服装生产合作社随即对此大张旗鼓地进行宣传推广。很多人都向杨鹏云求教。合作社因势利导，有计划地组织推广会议，让杨鹏云在会场上宣讲，并作现场示范，每次听讲的都有几百人。随后，又有一些单位专门请杨鹏云前去宣讲示范。浙江省轻工业厅知道这项创举之后也很重视，随即安排杨鹏云去杭州宣讲、示范。在杭州市手工业局组织宣讲时，每次都有几百人到会。由此可见，这一创举在当时的价值和影响，随后，杨鹏云应邀到全省许多县市做推广工作。这是杨鹏云意想不到的事情。

小裁缝进了研究所

旧时裁缝大多出身贫苦，很少有人上过学、读过书。所以到 20 世纪 50 年代，浙江服装行业从业人员大多数文化水平偏低。为了改变这种状况，提高服装的科技含量和文化含量，浙江省轻工业厅于 1957 年筹建了一个工艺美术研究所（包括服饰研究）。研究所成立后，准备组织力量编写一本服装科学文化方面的专业图书，为全省有关人员提供学习、进修的材料。在物色编写人员时，大家不约而同地想到了杨鹏云，认为他既有比较丰富的实践经验，所具有的服装科技方面的知识和文化水平也是当时服装界行业中少有的，他还会制图，显然是比较理想的人选。因此杨鹏云很快就被调入了研究所，而且被委任为编写组的技术负责人。

编写组积极性很高，编写工作进展得很顺利。经过一年的讨论、起草、修改，一本近 200 页的《服装裁剪解剖图》提前完成。这本科普读物内容翔实，有男装、女装、童装三大部分，中山装、列宁装（西装）、大衣、军便装、人民装、衬衫、裤子、春秋衫等当时风行的服装品种和款式的设计、缝制的基本知识和技术、工艺，应有尽有，分门别类，讲得很细、很明白，而且配随文插图 200 余幅，图文紧密配合，文字也相当通俗、生动，稍有文化的人就能看懂、会用。但为了使这本书出版发行后能切实起到指导实践、提升服装从业人员的科技文化水平的作用，他们又建议有关方面召集了全省服装行业 20 多个专业人员，召开了一次审稿会。大家都对书稿表示欢迎，同时又热忱地出主意、提建议，于是书稿进一步完善起来。书稿修改后，当年年底交给浙江人民出版社，很快就出版发行了。

由于这是一本非常有实用价值和普及意义的服装科技图书，当时这类图书还很少见，所以该书一出版就成了畅销书。这又成为杨鹏云意想不到的一件事。从此，杨鹏云对服装科研和辅导工作更加热忱，陆续编写、创作了不少服装画、服装设计图，由研究所印发全省有关单位，为提高服装行业的业务水平发挥了多方面的作用，而这些又一次给他带来了他意想不到的发展机遇。

既听教授讲课，又给教授讲课

1960 年年初，我国进入困难时期的艰苦岁月。浙江省工艺美术研究所领导张凤岚找到杨鹏云，准备送他到北京中央工艺美术学院进修，时间一年，要他安排好家庭，准备好行李。关于工资待遇，仍照每月 67 元的全省服装业的最高工资额度发给，粮食定量也不减。浙江的另一个进修人员徐士钧，是裁缝出身的共产党员，而且还是服装厂厂长。

杨鹏云一是庆幸自己有缘到高等学府深造，二是感谢党的关心培养，心头涌起使命感责任感，暗暗立誓，要刻苦学习，不辜负组织上的器重。

中央工艺美术学院是一所高手云集、名师会聚的名牌大学。杨鹏云满怀信心入院学习绘画、设计和中国服装史等课程。上下午听课，晚上夜自修至 9 时，每周六休息一天。中国服装史课程由著名作家、历史文物研究者、中国古代服装史专家沈从文任课。

这个学院是强调理论和实践紧密结合的。每两周都要做一次服装设计作业，完成之后，由老师评选优秀作品编印出来展示，供大家参考、研讨。杨鹏云对这类作业十分有兴趣，每次作业都很出色，大多数都入选参展，颇受同学赞赏，课前课后，他身边总是围着一些同学，有的请他答疑，有的请他指点、修改作业，有的和他探讨问题。杨鹏云总是热情地和大家认真讨论，因为他已过不惑之年，学习成绩又好，对人又很诚恳，颇具学长风范，所以大家都称他为"老大哥"。

这时，又有一件杨鹏云意想不到的事发生了。杨鹏云的进修情况受到班主任袁老师和张仃副院长等学院领导的关注。因为学院举办进修班，除了为各省、市培养高级专业人才之外，他们还有自己的目的——发现有实践经验的人才，为学院教师队伍建设作准备，为创办服装学系储备师资。杨鹏云成为他们的重点目标。不久，班主任袁老师交给杨鹏云一项特殊任务：学院领导决定，要他为学院的老师和领导作几次讲座，主要讲服装实践方面的内容，具体内容和讲课方法，全由他自己决定。这太出乎意料了，作为一个进修生，怎么能给名牌大学的领导和老师讲课呢！但学院领导热情鼓励他解除顾虑，放开讲，想怎么讲就怎么讲。杨鹏云决心尽最大努力完成组织上交给自己的这项任务。学院领导问他有什么困难和要求，杨鹏云只提出一条："我只会讲宁波话，不会讲普通话，恐怕领导和老师们听不懂。"班主任说："老师大部分来自上海，宁波话也听得懂，放心吧！"

既然内容和讲法完全由他自己安排，杨鹏云考虑就以自己在浙江宣讲、示范的内容为基础，加以条理化，再结合进修中学到的理论知识，适当加以展开。结果，几次讲座都得了到了老师和领导们的好评和鼓励。这自然又是大大出乎意料的事。但是，更使杨鹏云意料的事情还在后头。

讲座结束后，副院长张仃便找杨鹏云"摊牌"了，学院希望他结业后留校任教，并且告诉他，住房待遇等都已作了安排。

"这太出乎意料了！"谁曾听说过，一个裁缝居然能进名牌大学做老师！

但是，由于国家正处于困难时期，学院增办服装学系的工作要缓行。结业后，杨鹏云还是回到研究所工作。

经过这段进修，杨鹏云对服装事业更热爱了。为了进一步提升自己的科学文化水平，做好研究工作，杨鹏云每周坚持去浙江美术学院（即今中国美术学院）听课进修。这所美术学院也是大师云集的高等学府，在这里，他听到了潘天寿、邓白、吴茀之等名师的讲授。他的收获可以从他说自己是"潘天寿的半个学生"这句话品出个大概来。

遗憾的是，三年困难时期，研究所服饰研究室被撤销，接着便是十年动乱，他被下放到富强服装厂劳动。到"文革"结束时，这个出类拔萃的红帮裁缝技师已届退休年龄。1977 年，杨鹏云退居于杭州的一条陌巷中，安闲地颐养天年。

宽厚处世

许多年后，杨鹏云的儿子杨飞龙才听父亲说起当年在"文革"中遭到迫害的真正原因，那是缘于新中国成立前杨鹏云掌管金龙服装店时出的一桩子事。当时的金龙服装店生意兴隆，来往客人甚多。不知道啥时候，这里成了四明山新四军的一个地下交通秘密联络点。后因有人叛变，这个秘密联络点遭到破坏，多名地下工作者被捕，被蒙在鼓里的杨鹏云也因此遭遇牢狱之灾。几经周折，这才撇清了同自己的关系。没想到，"文革"中，他因此事变成了"不法资本家"。尽管蒙受了不白之冤，杨鹏云坚信自己是清白的，他用豁达对抗着那场荒唐的批斗，最后终于挺过来了，平反后，杨鹏云又"重操旧业"，成了服装厂的技术骨干。

对于那段疯狂的历史，他很少提起。他的理解是，过去了的就让它过去吧，多责备也无益，最重要的是做好以后的事，走好以后的路。

在杨飞龙的眼里，这是父亲的包容。父亲常说，要宽厚待人，容得了人。人的一生如同做衣服，不同人的性格、体型、文化差异都很大，作为一名裁缝，就要去适应、去理解，不能以自己的个性去对待，要有海量。

2007 年 3 月，经宁波服装博物馆牵线，英国伦敦裁缝街上的百年老店戴维森公司西装裁缝兼裁缝协会会长艾伦·班尼特等三人，在英国可迷联全球投资咨询公司总裁王彪的带领下来到杭州老合兴洋服公司，杨鹏云应邀同时到达。根据事先约定，两国裁缝同时裁剪一套西装，看速度与标准，杨鹏云利索地在面料上划样、裁剪，其精准与速度领先于伦敦裁缝，令英国裁缝连连夸赞。事后，杭州、宁波媒体频频报道。

2013 年 8 月 3 日，96 岁的杨鹏云平静地带着他割舍不下的服装情缘，欣慰而踏实地离别了这个世界。

生前，杨鹏云偶有感慨，留下了些许遗憾，他有精湛的红帮技艺，可只在金龙服装店那几年派上了用场。新中国成立初期，他本该大显身手，可由于物资紧缺，厉行节约，红帮裁缝技艺"无用武之地"。在中央工艺美术学院深造期间，他本有望成为服装界的教授，可最终落空。改革开放后，服装业迎来了千载难逢的发展机遇，可他已是垂暮之年，退休在家。

但愿到了另一个天地，他不再有任何遗憾。

笔者与杨鹏云在其杭州住所

24

和服师傅蒋铁松

蒋铁松，奉化市蒋葭浦人，3 岁时，父亲不幸去世，靠母抚养，在奉化一私立小学毕业。14 岁那年，经胞兄介绍，结识了王溆浦村人王成仁。20 岁那年，由王成仁带领，经上海到达大连，闯荡江湖。

大连位于辽东半岛南端，曾称旅大市，是世界闻名的天然良港和重要军事基地，1880 年，清政府在这里建船坞、修炮台，使其成为北洋水师的根据地。随着驻军的增加，商人和民众也大量迁入。1898 年 3 月 27 日中俄《旅大租地条约》签订后，旅顺、大连湾租给俄国，租期 25 年。1900 年 12 月，日

2000 年笔者（左 2）在访问蒋铁松（右 3）

俄战争后大连被日本强占，1945年收回。

蒋铁松到大连的那年，大连已成为日本租界地。为达到永久经营、长期霸占，日本国对大连进行了一些必要的建设，同时，连续不断地向大连大量迁移本国居民，并由此向北方扩展，一些城市一度兴盛。在此期间许多洋服店先后开张。从南方来的蒋铁松，很快适应了北国寒冷的环境，在那里拜师学艺。蒋铁松学徒三年，学的是男西装裁缝工艺，捏针线、踏洋车、缝西装、学裁剪，17岁那年学徒期满，经人介绍北上辽阳谋生。

辽阳是1905年12月后开埠的城市，当时由清政府的代表与日本驻华公使在北京签署了《中日会议东三省事宜正约》。市内主要建筑悬挂太阳旗，成了日本人的天下。蒋铁松被一家日商开的鼠屋洋服店聘用。此店近火车站，门前车来人往，三间门面，装饰时尚，颇具气派，是当时东三省的一家有点名气的店铺。日本老板常年雇用4~5名裁缝师傅，称客师，一年四季忙于裁剪缝纫洋服。蒋铁松心灵手巧脚勤，做工严谨，一丝不苟。老板把他放在重要岗位上，主要做日本人穿的和服。和服，宽大松懈，据说是我国唐代服装传至东瀛并改制后的礼服，它古朴、粗犷、奔放，与西服大相径庭，具有浓郁的民族特色。和服制作要求高，一点不能疏忽和马虎。这种衣服袖长1尺8寸（60厘米），面料是黑灰色的女洋服料，每套定额1到2个工。每年冬天是旺季，客人络绎不断。虽然生意兴隆，但日本老板盘剥了高额的剩余价值，店里的员工的生活只能在温饱线上徘徊。

1931年，"九·一八"事变，日军占领沈阳、长春等地，全国各地掀起抗日救国的热潮。兵荒马乱之中，鼠屋洋服店关闭，老板另谋生计，员工散伙。蒋铁松面临失业的煎熬和战争的威胁。在东北举目无亲，他只得逃难到杭州姐夫朱文忠家。当时朱文忠在钱江大桥工程处工作，每月有薪水收入，生活上有了依靠。次年，东北战火平息，他又动身出远门，到了沈阳，在奉化南浦山头朱村人开设的协昌洋服店当裁剪。他边在协昌工作，边谋划自己开店，老天冥冥，助他遂了心愿。1936 年，已是 30 多岁的他，几经波折，终于在沈大街开设了日满洋服店。这是蒋铁松自己开的店铺，柜台、桌板、缝纫机、橱窗，每一件用品，都寄托了他多年的希冀和厚望。每一天，他都细细打量，精心呵护，认真保养，并暗暗立誓，干出一番事业。他除了自己没日没夜地忙里忙外，还聘用了一两位志同道合的裁缝作为助手。日满洋服店辛辛苦苦开了近三年。当他正想继续发展时，抗日战争全面爆发，东北沦陷，烽火连天，国难当头，百姓流离失所。蒋铁松与成千上万的难民相伴，由北往南，日夜兼程，经北京暂息一月，到了上海。想不到上海人心惶惶，市面萧条，西服业危机四伏，面临倒闭和改行。无可奈何，他被迫学拍照，与别人合伙在江湾五角场一带做生意。新中国成立后，公私合营时，他开过面粉店、布店，也曾经重操旧业设摊做包袱裁缝。20 世纪 70 年代退休后，回到其妻吕荫华的故土鄞县茅山胡家坟村。在 20 世纪 80 年代的西装热中，他被余姚培蕾服装厂聘请为顾问。3 年后回茅山胡家坟村养老。

25

红帮裁缝史上的时代坐标哈尔滨

——远东第一街

1898 年 3 月签订《中俄旅大租地条约》后，我国东北成为俄国的势力范围。6 月 9 日，俄国中东铁路局抵达哈尔滨。中东铁路西起满洲里，东到海参崴，南至长春，成为沙俄沟通欧亚大陆的一条重要的交通线。呈 T 字形延伸的铁路，使哈尔滨成了东、西、南交点上的交通枢纽。1899 年，在经中东铁路运载到哈尔滨的各种抢手的物资的卸货地——埠头区，俄国侨民纷至沓来，哈尔滨发生了奇迹般的变迁。1905 年 7 月，历时 1 年余的日俄战争结束，沙俄把包括旅顺、大连在内的辽东半岛的租借权和中东铁路长春以南的支线转让给日本，哈尔滨宣布正式开埠，至 1907 年成为"东三省商务中心"。

在此后的 20~30 年间，哈尔滨人口急增，大批外国人涌集。20 世纪初，俄、美、日、捷克、德、法等 10 多个国家在此设立总领事馆和领事馆。1916 年，该市人口共 9 万，其中外国侨民将近一半。到了 1927 年，该市人口 32.8 万，中国人 26.6 万。哈尔滨成为北方国际交往中外杂糅的热地。

市内的一条 2 公里长的铺了方石的中央大街，一跃成为"远东第一街"。街上规定只能走小汽车和马车。行道树之间设有座椅，街头有饮料亭、咖啡馆、西餐厅、电影院等，一派异国风情。这条大街，站在松花江边向南数，右侧是外国街道的一条九道街。左侧是中国街道，共有十五道街。哈尔滨像上海滩那样，开埠通商，划定租界，人称"东方小巴黎""东方莫斯科"。哈尔滨昔日有 20 多个国家的侨民聚居，中东铁路将东西方连成一片，社会文明急剧转型，近代先进的生产方式和生活时尚相继传入。而今，当你漫步在哈尔滨的街头巷尾，20 世纪初到 40 年代的外国建筑——领事馆、教堂、医院、学校、火车站、银行、洋行等，可谓星罗棋布、风格迥异。文艺复兴时期，新艺术运动中，古典主义、浪漫主义、折中主义的建筑，如雨后春笋般点缀在该市，尤其是多处充满了温柔的米黄色和独特的俄罗斯民宅的韵味。

献技哈尔滨

随着外国人开设的西服店、时装屋、服装部出现在繁华的都市，哈尔滨的服装领域渐起变化。俄国人、波兰人、犹太人西装店，在市中心的中央大街和外围几道街上闪亮登场。其中犹太人在中央大街开设的呢绒西服行达 10 多家。就在那个时候，以奉化籍为主的宁波裁缝以独特的视角和善抓机缘的敏捷，接二连三从遥远的南方和辽东半岛东入口海参崴等地，顶着漫天风雪，携妻领子，师傅携手徒弟，赶赴哈尔滨。这里成了宁波裁缝的第二故乡。

1911 年，宁波人殷伦珠在哈尔滨开设国人第一家西服店——协兴洋服店。这鼓舞了宁波红帮裁缝勇毅前行。不久，有不少宁波裁缝默默积蓄力量，在道里、道外、南冈等地租用街面房，接二连三地开办服装店。同乡人抱团追逐，步调一致，相识相知。他们刻苦学习礼服的基本知识，明确服装礼仪是社交礼节的重要一环。他们掌握了正式、半正式、非正式礼服的特点，比如日间礼服密实，夜晚正式礼服露肤，包括男性女性日间、晚间正式礼服，新郎、新娘的礼服，以及礼服戒律，燕尾服配领带、领结知识等。

1917 年，俄国爆发十月革命，不少宁波裁缝为躲避战火，急匆匆离开了海参崴和双城子（后改名为乌苏里斯克），到了哈尔滨。据红帮后人陈祥华回忆，中央大街两侧辅街上，宁波人开的洋服店有 30 多家。据《哈尔滨市志》

记载，20 世纪 30 年代，中央大街上宁波人开设的较有名气的洋服店有亨利（掌柜何复兴）、利泰（掌柜陈哲明、张余庆）、瑞泰（掌柜张定表）、兴记（掌柜石成玉）、新新公司（掌柜洪祺根）、协泰服装公司（掌柜周富来）。另据陈祥华回忆，有中国九道街利泰（掌柜毛兴苗）、十一街道亨利（掌柜萧厚兴）、外国大道街杨阿荣、中国十街道兴利（掌柜洪祺根）、外国六道街江和福、外国七街道陈泰兴（掌柜陈阿根）、外国九街道陈泰昌（掌柜陈孝富）、中泰

哈尔滨红帮裁缝后人陈祥华在介绍情况

（掌柜骆连钦）、中国十三街道陈陞曙等。西服面料大多是国外品牌，有英国的考花呢大衣料、七星哔叽及各种花呢等套头料。里子多半用日本产的麻缎，衬布用纯麻布和黑炭村。1935 年，哈尔滨服装业组成洋服、衬衣、缝纫、估衣、新衣 5 个同业公会。

凸显真功夫

张定表，奉化人，住在哈尔滨中央大街 126 号。早年在上海学西服手艺，民国初年来到哈尔滨，在犹太人开设的都鲁金西服店做活。他思维敏捷，善于思考，很快提高了西服技术，磨炼了过硬的本领。1929 年，张定表自立门户，在道里中央大街的 126 号闹市地段开设了瑞泰西服店。瑞泰，蕴含吉祥如意，财源广进。该店前面门市，后面工场，做西服兼销售呢绒。掌柜张定表眼光犀利，判断准确，能做各种身材的得体美观的西装，又能做难度大的燕尾服，美轮美奂，久而弥笃，博得了中外人士的称赞，一年四季，顾客盈门，尤其是秋冬。外国人在 12 月 25 日过巴司节，大家在松花江上"沐浴"，

祈盼来年好运。他们在节日讲究穿新衣，所以裁缝店订单一时高叠，应接不暇，生意十分兴隆。为了按时交货，裁缝们加班加点，做夜作，非常忙碌。张定表痴迷西服，不仅亲自量体裁衣，还调节原料、加工、出品等环节。他高标准，严要求，搭建研学平台，亲自培训艺徒20余人。严师出高徒，如山东掖县人孙立先，在帮衬中，掌握了师傅的全套工艺，在哈尔滨市内也有一定的知名度。张定表与瑞泰一时成为东北名牌西服高性价比的代号。他出类拔萃，被誉为“东北第一把刀”。1942年，张定表离开哈尔滨去上海，先在茂名北路开包袱裁缝点，后在王开照相馆旁边开了帕斯特服装店。1949年，张定表去了香港。

刘顺财，奉化大桥村人，1918年从上海到哈尔滨。40岁时开设华泰西服店。在战火纷飞的东北抗日中，他曾为东北民主联军办事处的领导，如聂荣臻、林彪、陈云等做过大衣等服装。1945年苏联红军协力解放哈尔滨，炮烟散尽，华泰西服店迎来生意大好时期。新中国成立后华泰一路走来，常常高朋满座。1965年，刘顺财做的一件大衣由服装三厂送样，获得全国一等奖。60岁那年，刘顺财当上了哈尔滨市服装研究所所长。他努力使自己出品的服装进入至臻至美的境界。

溪口村人竺水根，1938年从哈尔滨启程到松花江边的佳木斯，在中山大街开设根兴洋服店。同去的有三四十个裁缝。他们租赁闯关东的山东人的房子开店，凭自己的手艺吃饭，做得有模有样。在漫长的岁月里，他们艰难拼搏，扎根东北。1956年，竺水根的儿子竺和尧响应国家支援大西北号召，奔赴乌鲁木齐，在一家服装厂带了不少学徒，人唤“南方师傅”。

南渡王家埭村人王裕昌，开设了王裕昌洋服店，专做马迭尔生意。该店开在哈尔滨松浦洋行和柏拉斯电影院附近，一时兴盛，受中外客人关注。哈尔滨红帮裁缝百年辉煌的背后是他们软硬活均拿手（硬活指呢毛料西服、皮大衣，软活指女西服、裘皮大衣、布拉吉、连衣裙、内衣等），真是习业有专攻，名师出高徒。

哈尔滨的一代代红帮裁缝，各有所长，流派纷呈，声名远扬。这主要取决于裁缝的工艺形成地，取决于他们面对的客人及其偏爱。南方来的传入"英美派"，东边来的带来"日本派"，海参崴进入的是"罗宋派"，当地犹太人出品的是"犹太派"。而哈尔滨市的红帮裁缝多数以做"罗宋派"见长。罗宋派，就是依据俄国人的身材特点和文化素养，做出的西装双肩平、前胸丰满、有明显收腰。因此，别看一样的西装，却各有各的讲究和癖好，在制作时，应按照每人的体型，分别设计。红帮裁缝师傅们坚持"以客为先，个性服务，精益求精，以人为尊"的理念，牢牢把握做衣的关键：领子笔挺，胸部要胖，腰身收缩，袖子圆润。每家的店主（以前叫掌柜）是总指挥，上上下下，里里外外，迎客送客，事必躬亲，对勤谨诚实的师傅、徒弟也要时常细问。给平常人做衣不难，而对身体因残疾，不匀称、有缺陷的，就要想方设法予以补救，也就是特殊体型特殊处理。做衣必须因人而异，量身定制，不能一概而论。如溜肩的，肩垫用呢料一层层加厚，缝成弧形，使肩膀显得高一点；对俯胸弓背的，在胸部少许垫点棉花，做出前胸；对后背肩胛骨突出的，用棉花做一个冬瓜圈，从肩到袖笼边垫实，这样能弥补体型之不足。总之，在千变万化中，应沉着灵活应对，来不得半点浮夸、随便应付。这些人穿上特制的西服时，与常人一样，男士显得英姿焕发，气宇轩昂，女性更显柔软苗条，婀娜多姿。

对于定制的西装，事先店家与顾客就款式达成一致，包括卜头式样、袖口式样、裤子口袋式样、纽位式样、口袋式样、裤子后袋式样等。而量身尺寸，更是细致，分为上衣尺寸、裤子尺寸、马甲与衬衫尺寸，共计30多项，有的还有图样，供顾客选择。像这样的订单，看起来烦琐，实际上是因人施策，强调个性化服务。

在红帮裁缝发展史上，"南有大上海，北有哈尔滨"，这句话精辟地概括了哈尔滨作为服装历史坐标的地位，也折射了冰城的服装行业在中国服装发展史上的重要地位。

赶制解放装

1946 年 4 月 28 日，哈尔滨解放，哈尔滨回到了人民的怀抱。毛泽东主席号召以自卫战争粉碎蒋介石的进攻。8 月，东北各省代表召开联席会议，刘伯承、邓小平领导的晋冀鲁豫解放军取得陇海路战役胜利。为了集中优势兵力，各个歼灭敌人，东北民主联军攻打国民党反动派的残部和土匪，三下江南战役，奋勇杀敌。华东人民解放军取得了鲁南莱芜大捷。西北解放军于陕西瓦窑堡又获全胜。1947 年，东北民主联军发动夏季攻势，华东解放军艰苦卓绝，取得孟良崮大捷。在西丰、开原、赤峰、安东解放的欢呼声中，哈尔滨市服装业在"早日送军装，穿暖打老蒋"的口号鼓舞下，如火如荼，挑起了支援全国解放战争的重任，成为后勤基地，用热血和忠诚诠释家园情怀。

据统计，1947 年哈尔滨的服装业户已达 968 个，从业人员 3069 人，主要承做被服、中山服等。1948 年年初，为支前，供给军需被服，全市半年中制造棉军服 39.3 万套，棉大衣 29.9 件。这中间，有许多红帮裁缝和他们的家属憋着一股劲，踊跃投入，有的一天工作 18 个小时，日班接夜班，熬更守夜，还自带缝纫设备，满负荷日夜运转，出色完成了军需任务。

1950 年，美帝国主义挑起了朝鲜战争，战火烧到鸭绿江边。一穷二白之中，中国共产党号召全国人民奋起抗美援朝、保家卫国，志愿军雄赳赳、气昂昂地跨过中朝边境线，与朝鲜人民军并肩作战。1950 年 8 月 20 日至 12 月 15 日，哈尔滨市以更高站位，积极支援，动员技工 1600 人，女工 3000 多人，集中缝纫机 1800 余台，组成了 25 个临时工厂，4 个月完成棉大衣 12.8 万件，各种棉服 12.62 万件，棉袜 14.1 万双，棉被 11 万余套。不少宁波人无怨无悔，加入军需生产的行列。一针针，一线线，诠释了红帮裁缝对最可爱的人的一片深情；一件件，一套套，汇集了军需品生产工人对新社会的爱。许多人夜以继日，争分夺秒。他们面对低廉的报酬，毫无怨言，将自家的工具，集中公用，绝不吝惜。大家一鼓作气，以冲天的干劲和高涨的革命热情，赢得了时间，谱写了可歌可泣的篇章，映照出劳动者的赤子之心。

1955年，哈尔滨市服装业的个体户已达2512个，从业人员4366人，其中有不少红帮裁缝。1962年，随着在哈尔滨的外籍人员大部分离开，西服业滑坡。1978年改革开放后，人们的穿着观念发生了变化，西服业逐步发展。1983年，该市纺织工业公司所属的服装企业西服年产量3.5万套。这中间都有红帮新生代的参与与付出，继往开来，再立新功。

哈尔滨红帮裁缝的历史渐行渐远，有的人早已作古，有的人已至耄耋之年。不过，他们毅然定居第二故乡，安享晚年。细数历历往事，总是让他们留恋、思念。哈尔滨是一片让他们挚爱的土地。

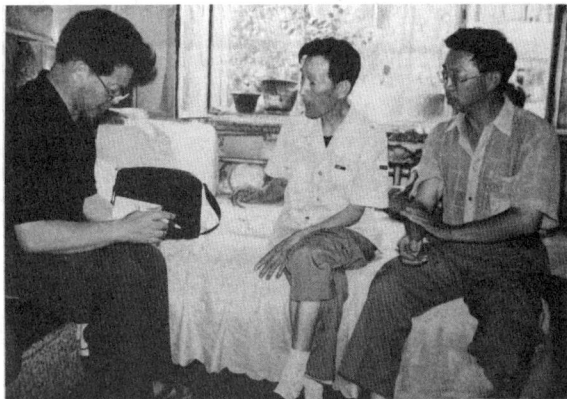

在哈尔滨采访奉化红帮裁缝

26

江继明和他的创造发明

江继明先生

1998 年 10 月 11 日，在宁波第二届国际服装节期间，听说在宁波万安路 11 号有一家个人开办的、全国第一家红帮服装研究所，我们欣然前往。

这家研究所借用一家公司的办公楼，楼上设办公室、教室、电脑操作室，楼下是实验工厂。郁郁葱葱的树木护围着研究所，一片赏心悦目。在研究所的成立典礼上，来自内地和香港的服装界同行给予高度评价。国家纺织工业局办公室发来贺电，赞扬研究所对发展地方特色纺织服装经济发挥的积极作用。

研究所的主人是红帮裁缝第六代传人江继明。他个子不高，貌不惊人，但在一身挺括的西服衬托下，显得很精神。

江继明，1934 年生于宁波，祖籍奉化区萧王庙镇棠云乡。1942 年，江继明到宁波江东东径小学上学，不到四年，因家贫而辍学，在母亲开的小杂货店帮忙。1947 年，14 岁的他由外婆带领去上海，经舅舅介绍，到培罗西服店当学徒。在舅舅和另一位师傅的手把手传授下，他刻苦学习，渐渐踏入服装的门槛。三年后，他开始独立缝制西服、大衣等服装，成为红帮裁缝队伍中的一名新秀。

新中国成立后，江继明全面学习裁衣技术，从量体、算料、裁剪到扎壳、试样、成衣，每道工序严格把关。勤奋与诚恳使他的业务水平大有提高。1956年4月，领导为了发掘他的潜力，送他到上海鸿翔时装公司深造。到鸿翔时装公司后，江继明如饥似渴地勤学苦练。他四次踏进鸿翔大门，四次得到新的收获。1958年，江继明到上海虹口区服装一厂做技术工作并教书。1960年，领导又送他到首届服装裁剪班学习，这是由上海市服装鞋帽公司举办的。在裁剪班，江继明刻苦学习，不论是在课堂还是在寝室，总是虚心请教，边听讲座，边写笔记，边画草图。他拜上海特级裁剪大师陆成法为师，并得到上海服装研究所设计师戴永甫、上海著名服装设计师宋富生、林几等老一辈红帮裁缝名家、名师的悉心指导。真所谓严师出高徒，江继明在男装、童装、女装几门学科中，均名列全班第一，领悟了各种服装技艺的精髓。当时，增产节约运动如火如荼，他推出西装裤省料套裁法，被共青团上海市虹口区委评为青年红旗突击手。1964年，他被分配到虹口区商业联校当服装教师。在十年动乱期间，他在好心人的帮助下，寄居在9平方米的阁楼中，与人合作，夜以继日地编写《服装裁剪》一书。1970年9月，这部图文并茂的服装书籍出版。这本凝结着江继明汗水的专著，前后再版16次，可见此书在社会上的欢迎程度。

1975年，江继明被调回到家乡，到宁波服装鞋帽公司任技术员。1979年，他设计发明了"透明活页服装卡""领头大小核对法"。这种用白色硬板纸和透明塑料纸制作的卡片，能形象逼真地显示出衣服小样，适宜看样订货。这为市场推销人员提供了方便，并节约了原料。为此，《市场报》《浙江日报》《经济生活报》分别报道了这个"新宠儿"。

1982年，他设计了海棠领女式连衣裙、高子领女衬衫、蝴蝶结领女衬衫，并创造了衣领简便验算法。翌年，又设计了中青年妇女立领太阳衫，受到妇女们的夸赞。

1984 年，他被调入浙江纺织工业学校任教，成了一名服装设计专业的骨干教师。在这个新天地里，江继明边上课传授知识，边开展创造发明。经过数百次的修改，他在前人的基础上，制成了"快速服装放样板"与"三分之一微型教学服装模型"，并且申请到了国家专利。1988 年，他被纺织工业部聘为全国中高服装专业学校的服装专业委员会副主任委员。1989 年，江继明加入了九三学社。

"十年树木，百年树人"。江继明放眼未来，重视红帮人才培养，以不断壮大队伍。从 20 世纪 60 年代起，他就密切注意并悉心扶植服装业中的青年一代。不管是在上海还是在宁波，在服装公司还是在学校，他始终把"出人才、出作品"放在首要位置，诲人不倦，持之以恒。在浙江纺织工业学校工作期间，他与其他教师一起举办了四期服装设计短训班。这四届服装设计专业的学生毕业走上工作岗位后，都成为服装工业的生力军。1992 年，鄞县筹办首届服装设计职工中专班时，他被聘为专业教师。以后，他又被聘为宁波成人中专、奉化成人中专、鄞县梅墟职中、雅戈尔中专等多所学校的服装结构设计与制图的专业教师。而他自己恪守做到老、学到老的诺言，曾去浙江丝绸工学院聆听日本女子大学教授的"立体裁剪及原型裁剪"讲座，聆听香港服装设计师徐仁昌先生的新颖时装讲座，这样，不断更新知识，充实自己头脑。

1994 年，江继明从浙江纺织工业学校退休。人虽退休，但他始终心系服装业，常常奔走于服装厂和学校之间，用他精湛的技术和丰富的经验，破解各种技术问题。他帮助奉化市开发时装新产品，与奉化市棠云乡联合办起金珠鱼肩棉厂，生产高级服装垫肩，还协助奉化兴办了无纺制品厂。

为适应服装"轻、薄、软、挺"的新潮，深入研究宁波红帮裁缝的创业史，并解答服装生产中的技术问题，他决定成立一个服装研究机构。经过不懈努力，1998 年，他投资 20 万元，办起了集研究、教育、设计、制作于一体的宁波继明红帮服装研究所。这是国内首个私人红帮服装科研单位。宁波第二届国际服装节期间，该研究所正式挂牌面世。在简单的成立典礼上，江继明即兴发言："成立研究所的目的，就是要充分继承和发扬红帮裁缝精神，艰苦创业，爱国敬业，传艺带徒，洋为中用，推陈出新，为家乡的发展和繁荣作出应有的贡献。"后来，他又发明了"服装裁剪三围（胸围、腰围、臀围）活动标尺"，获得了国家专利，并批量投放市场，这种简单易懂操作方便的活动标尺，准确实用，受到了用户的好评。

江继明，作为土生土长的奉化红帮裁缝的杰出代表，以其毕生的追求和显著的成绩，受到服装界的敬重，受到新闻媒体的关注。

1999 年以来，他的业绩被中国国际广播出版社、人民日报出版社、中央电视台、浙江电视台、宁波电视台等媒体报道。2001 年江继明被宁波市劳动局评为服装工艺高级技师。2007 年，他发明的"服装折纸打样法"获得国家专利，并由东华大学出版社出版。2011 年，应浙江纺织服装职业技术学院邀请，江继明设计监制了约两层楼房高的巨型中山装，纪念辛亥革命 100 周年。

江继明在他发明的服装小模型前留影

27

从度身定制到目测量体的跨越

——红帮裁缝技艺剖析

在封建制度的影响下，我国传统服饰，数千年来大同小异，袍服制贯穿全过程。日常服装受封建礼仪和等级制度的重重束缚，来不得半点僭越。19世纪中叶，鸦片战争以后，西风东渐，旧的文化观念向新的文化观念激变，出现新的时尚。辛亥革命的成功，使清廷土崩瓦解。这也推动了服装的变革。红帮裁缝，冲破传统观念的阻遏，闪亮登场，为中国服装业现代化做出了贡献。

红帮裁缝技艺剖析

衣食住行是人民的生活四要素，而从将"衣"居为首位可见从古到今社会上对衣服的重视程度。

中式服装的裁剪，基本上是直线剪裁，不需要繁杂的布片。将一块布叠四折，呈长方形状，用剪子在布的中心点即没有布边的上角挖出领口，在有布边的一面挖出下摆和袖子的弧度，然后再开襟就是一件中式上衣的雏形。而中式裤子更好剪裁，只需在四折布上先剪出一面裤腿和裤裆的轮廓，再将另一侧裤腿剪开即可。可见这种剪裁方便简单。衣裤一般都宽松肥大，也不需要十分精细的尺寸，最大的特点是身袖相连剪裁，体现了中国传统装追求整体和谐的风格。

西式服装的剪裁方法则十分复杂，讲究适体造型，要量体裁衣，突出人体各部位的线条，有固定的比例关系，一切都有章可循。前片、后片、腰片、袖片等，都要有精确的尺寸。可以用"制"来概括这种剪裁方法。"制"不仅有制度、尺寸的意思，在古代还有裁制衣服之意。这种裁剪方法体现了西方人追求科学化、规范化的精神。

上海档案局保存有一份 1943 年 7 月 21 日的案卷，卷中上海西服业同业公会向上海社会局申明："所属会员均以代客承制西服为业，是全手工制造，其大小长短尺寸须按顾主身体肥瘦、长短二项，不能预先制就，待客选购。其营业性质与苏广成衣业雷同，所不同者一为中装，一系西式，俗称红帮裁缝，诚非与其他同业相提并论。"我们从这段文字中可知红帮裁缝承制西服的难度。

红帮裁缝从人体解剖学的原理出发，充分运用刀功、手功、车功、烫功，在整件服装上呈现九个势：胁势、胖势、窝势、戤势、凹势、翘势、剩势、圆势、弯势，并体现十六个字：平、服、顺、直、圆、登、挺、满、薄、松、匀、软、活、转、窝、戤。

（1）平，指成衣不但要符合人体尺寸的大小，而且各部位的凹凸曲面应与人体的凹凸面一致。外观不皱不褶，平平服服即俗称的"服帖"。这是靠操作中做出的胖势和胁势来体现的，主要反映在后背、腰胁、胸部和臀部等。

（3）顺，指成衣的缝子、各部位的线条，均与人的体型线条相吻合。这是靠操作中的剩势来体现的，如肩缝、摆缝、袖缝等，使腋下、前胸、肘部、臀部松紧适宜，宽窄得当。

（4）直，指成衣的各种直线应挺直、无弯曲，如袋盖、袋口、驳头串口部位。

（5）圆，指成衣的各部位连接线条都可以构成平滑的圆弧。这是靠操作中做出的圆势来体现的，主要反映在袖山头等处，穿在身上呈现椭圆形。

（6）登，指成衣穿在人身上后，各部位的横线条（如胸围线、腰围线）均与地面平行，垫有衬夹恰到好处、有棱有角，使衣服的重心线基本落在身体的重心线邻近。

（7）挺，指成衣的各部位挺括，能体现出所用面料的最佳质感，穿上后给人挺拔伟岸的视觉形象。

（8）满，指成衣的前胸部位丰满，能发扬体型中的长处，弥补体型中的不足，使之符合人们的审美观点。这是靠胖势和胁势来体现的。

（9）薄，指上衣的止口缝子较多因而较厚的部位，要做出薄，能给人以飘逸、舒适的感觉。

（10）松，指成衣的某些部位（如西装的领驳头和肩头等）不拉紧、不呆板，能给人以活泼的动感。这是靠操作中做出的凹势和翘势来体现的。

（11）匀，指成衣的各部位，面、里、衬，统一均匀，符合习惯和造型需要，不会给人以时厚、时薄的感觉，如装垫肩的肩部等。

（12）软，指使用衬头的服装既挺又柔软，且富有弹性，穿上后动作方便、回弹力好，这主要表现在上衣的胸部和肩部。

（13）活，指成衣形成的各方面线条和曲面灵巧、活络，不给人以呆滞的感觉。

（14）轻，指穿着服装后，感觉到衣服重量较轻（并非指衣衫的自重量），如穿着上衣时，主要重量是由肩部承担的，若受力点集中在外肩，则运作会不方便，感觉到衣服较重（俗称压肩头），若受力中心在肩颈部，并分散在整个肩部，感觉则会较轻，且行动方便。这是由凹势和翘势来体现的。

（15）窝，指成衣的各边缘部位（如领头、止口、袋盖、背叉等）向人体自然势的轻微卷曲，使服装的外形光滑、匀服。这就是窝势。

（16）戤，为了使穿着服装后动作方便，在主要的活动部位（如手臂等处）

都有一定的宽舒度（主要在前胸和后背），当人体静态直立时，前后袖笼呈现比较顺服的状态，形成漂亮的造型。这是靠操作中做出的戗势来体现的。

以上十六个字的总结提升，都是厚积薄发的智慧结晶。

名师名店为名人制装

百余年来，红帮裁缝创立了中国服装史上的"五个第一"（国内第一套中山装、第一套海派西服、第一所西服工艺学校、第一家西服店、第一本西服著作），名师名店层出不穷，他们北上、南下、西进，为名人制装，被传为佳话。

石成玉，鄞县人，人称"服装博士"。他独创了四个面的照衣镜，可以让顾客上下、左右、前后，看得仔仔细细，大胆让顾客挑刺。20世纪50年代，苏联和东欧国家的驻华大使、专家学者，是石成玉的常客。

陈章尧，在20世纪80年代是武汉市服装特级商店祥康的经理。当时他立了一条苛刻的店规：凡顾客试穿样衣三次后仍不满意的，当机立断，绝不怜惜，把这件衣服当场剪破丢掉，无偿重做。他是要以这样的方式激励员工质量至上、信誉第一。

陆成法，上海特级技师，被誉为"裁缝状元"，在西服名店培罗蒙当裁剪师。他多次为归国华侨、海外华人和首富巨商量身定制衣服，并为出访演出的中央乐团指挥家李德伦等缝制难度大、要求严的燕尾服，赢得了国内外观众的广泛好评。

名店培罗蒙，从上海迁到香港，成为超级富豪的御用裁缝店，从经理许达昌到高级技师蒋家埈，被欧美誉为"世界第五大裁缝"和"裁神"。他们坚守早年在上海滩锤炼的品牌，被港人和媒体评述为"最正宗的上海招牌"。

"东北第一把刀"张定表和"正反面阿根"，敢于在号称"东方小巴黎"的哈尔滨市立足，与俄商秋林公司面对面竞争，靠的就是裁剪和缝纫的得法，受到上流社会一致公认。当时，穿上他们的一身行头是至高无上的待遇。

上海的"服装科功臣"陈康标、海派西服创始者之一楼景康等，都是 10 多岁出家门、做学徒时苦苦求索做衣经。他们几十年如一日，在自己喜爱的领域里沉着应对，发挥自如，独树一帜，创造奇迹。

南京李顺昌洋服公司是奉化人李来义祖孙三代传承的一家百年名店，历经磨难，辗转大西南。从 20 世纪 50 年代至今成为受中外顾客青睐的服装店。该店成功的奥妙之一是恪守祖传工艺。凡欲进店的技工，不管什么关系，一律先做一套西服挂在墙上，三天后让大家评议，以不褶、不皱、不壳、不裂、不变形为准则，让员工们见证其刀工、缝工、烫工。

红都服装商店，1956 年由上海红帮迁京组建。60 多年来，该店始终为国内外元首、外交官员、文体明星们制装，名师迭出，有"巧匠"王庭淼、"西服圣手"余元芳等。

戴祖贻，原日本培罗蒙经理，曾为日本、韩国、美国等皇室成员、权臣高官、财阀名流、文体明星，制作了令他们称心如意的服装，直至他八九十岁，老客户仍念念不忘继续寻求他的服务。

杨鹏云是杭州的红帮裁缝精英。20 世纪 50 年代他用长衫改制中山装，一举成名。20 世纪 60 年代他应邀到中央工艺美院深造，同时登上讲台给师生上课，后又参与编写服装裁剪书。他曾与英国伦敦裁缝街上的百年老店名师竞技，受到国外同行的夸奖。

从香港迁沪的 W. W. Chan & Sons，被美国福布斯网站评为亚洲 40 年来最好的裁缝店，美国白宫主人尼克松、福特等都在此店做过衣服。该店最出名就是量身定制，周全服务，并发展为通过目测代替量体。这炉火纯青的功夫，名曰"目测心算"。当然要掌握这门技艺，绝非一日之功。

28

红帮裁缝产生的地域商业文化背景

具有百年创业历史的宁波红帮裁缝，是中国服装史上的一个特殊的社会群体。在辛亥革命和新文化运动的推动下，他们对中国服装的变革起到了助推器的作用。宁波之所以能产生红帮裁缝，除了特定的历史、政治背景，还因具有地域特色的商业文化背景，包括经商传统、经商之道、商业教育等几个方面。

一、地理位置和通商历史

宁波位于中国大陆海岸线的中段、宁绍平原的东端，是个处在华夏南来北往中心的沿海港口城市。早在唐代，日本遣唐使曾在明州（宁波）靠泊和返航。北宋淳化三年（992 年）明州置市舶司。元代至元十四年（1277 年），庆元（宁波）设市舶提举司，是当时全国四个市舶提举司之一。到了至元三十年（1293 年）和大德二年（1298 年），温州、上海、澉浦的市舶司先后并入庆元。明代洪武三年（1370 年）设置广州、泉州、明州等处市舶司，确定宁波主要接待日本来华商人。清代康熙二十四年（1685 年），宁波设浙海钞关行署，是当时四个海关之一。鸦片战争后，宁波被辟为"五口通商"之一，在全国开风气之先。萧甬铁路连接沪杭、浙赣铁路，沪甬客轮沟通了与上海等城市的联系。

宁波是久富经商的一个商埠，自明代起城中已有集市。清代光绪年间城厢有 7 个集市，连接近郊 4 市，日渐兴盛。

明末清初，宁波商人多活动在北京，从事药材业和成衣业。清代乾隆、嘉庆时期延伸至常熟、汉口、上海等商业重镇。清代乾隆三十六年（1771 年），宁波商人在常熟设宁绍会馆，清代乾隆四十五年（1780 年）宁波商人在汉口建立浙宁公所。清代嘉庆二年（1797 年），宁波商人费元圭等在上海创建四明公所。清代嘉庆二十四年（1819 年），在关外、山东等地经商的宁波商人集资在上海创建了浙宁会馆。清代中叶，在福建经营龙眼干果的宁波商人组成兴华帮，商踪遍及闽省。五口通商后，鄞县商人足迹遍履全国、南洋、欧美各地，财富日增。清末，在上海的宁波人已达 40 万人，建立了各业、各帮会馆。其时，在天津、汉口、青岛、大连等地的宁波商人也为数甚众。民国时期，宁波商人活动范围更广，人数更众。宁波商帮受西方经营思想的影响而跻身商界，逐渐替代山西商帮和徽州商帮，执全国之牛耳。

1916 年 8 月，孙中山在宁波演说时指出："宁波人素以善于经商闻，具有坚强之魄力。凡吾国各埠，莫不用甬人事业，即欧洲各国，亦多甬商足迹，其能力与影响之大，固可首屈一指也。"

宁波人实业发达者多在外埠。据《鄞县志》中 1941 年的《宁波人在上海经营工商业概况》表，与服装产业链相关的企业有花纱棉布业的 54 家，染织业的 4 家、绸布业的 5 家、绸庄业的 18 家、呢绒业的 42 家、皮货业的 8 家、针织业的 24 家、服装礼服业的 28 家、纽扣业的 42 家、成衣铺 90 家、西装背带鞋帽业的 3 家、缝纫机器业的 7 家。宁波人持续受经商传统的熏陶，长期受商文化的浸润，造就了他们与商品经济相适应的思想意识和价值取向。出生在奉化江两岸的宁波裁缝，依赖同乡人在外埠的势力影响和社会地位，在那里站稳脚跟，并求得扩展。《上海档案史料研究》第 14 辑中"上海的红帮裁缝与商会及近代化初探"一文指出："红帮裁缝脱胎于宁波地区的本帮裁缝。""有了本帮才有红帮。红帮裁缝是在本帮裁缝基础上发展而来的。"

二、经商传统和经商之道

民国出版的《鄞县建设》称:"本县为浙东海口,土地肥沃,物产丰饶,夙擅海运之便,商业发达。自辟为通商口岸后,益用扩张。故人民从事工商业者,几达全县户口之半。而其足迹所经,几遍寰球。其势力为世人所称道。"

1936年,宁波有旅外同乡会30家,遍及南京、杭州、上海、汉口、芜湖、南昌、长沙、厦门、北京、青岛、烟台、大连、沈阳等,其中在上海的"四明旅沪同乡会"最具影响。经40年发展,至1945年"四明旅沪同乡会"有会员36490人。各大商埠如此众多的同乡组织,为旅居的红帮裁缝奠定了坚实的社会基础,不少在外地的红帮裁缝名店都较早加入同乡会或商会。除此之外,宁波裁缝高度集中的城市,例如上海、天津、北京、武汉、南京等地,都相继成立同业公会,结成一个社会法人团体,进一步扩大了宁波人的势力范围,在社会中形成了具有较强的号召力和吸引力。

19世纪晚期,宁波裁缝开始从做中式服装到制作西装。
这是旧上海"点石斋画报"描绘的情景

宁波独特的港口优势、四通八达的海陆交通业和日趋完备的城间通信业，也是红帮裁缝能够远走他乡、发展壮大的一个至关重要的成因。

宁波在唐宋时"商舶往来，货物丰衍"。元代，出现专营闽、粤和东北、鲁、豫商品的"南货""北货"号，有海运户千余户。明代商路通关东、河北、天津、山东、江苏、四川、湖南、湖北、广州、福建。清代道光十年（1830年），宁波商业船帮进入黄金时期，南号、北号不下六七十家，最盛时约有海船400艘。各路商贾聚于三江口。千余年来，宁波与中国主要商埠的交汇，不仅使货物畅通无阻，物尽其用，而且为宁波商帮的发展更新观念。宁波商埠从19世纪中叶到20世纪40年代末，海上交通工具从木帆船进化到铁壳机动轮船，吞吐量和客运量进而迅速增长。据史料记载：第一次世界大战后，中小客轮业发展快，至1936年，城区（不含外地轮船公司）轮船、汽船航运业，由原16家增至48家，其中营运外海航线的20家。这20家中，经营甬沪航线的有5家。内江、内河商轮企业各有13家和15家。

与此同时，始于明代永乐年间（1403—1424年）的宁波民信局，至1850年进入全盛时期。市内125家民信局在上海争设总局，在各商埠及城镇设分号、联号、代理信局。1908年，宁波人自办宁绍轮，民信局之外的信客业激增，到1923年已有142家。1937年，抗战全面爆发，甬沪间交通受阻，信客再度兴起。民信局和信客沟通了宁波与上海、舟山、温州、汉口、厦门和天津、烟台等20多个城市的信息。有的再从上海与海外的邮政网络衔接，运用电话、电报更先进的手段，取得及时的信息，拓宽了各行各业的联络范围。宁波服装博物馆曾发现的一份1913年由宁波寄往日本横滨兴隆洋服屋的信件，可以略见一斑。

宁波素有亲邻帮衬的扶助传统，宁波人重义气，代代沿袭。凡一乡一村一族出身的，都互相关心和爱护。尤其是同一姓氏的，共祭一个祠堂先祖的同宗，更视为同胞手足。富帮贫、大助小、强扶弱，在城乡都能窥见和有所反映。例如，申城西服业的摇篮——奉化江口王溆浦村的王才运在沪发迹后，带着同村许多王氏到上海同操西服业。又如，鄞县樟村孙氏在沪创办钟表业，钟公庙鲍家埠村鲍氏在沪从事书业、印刷业等，不胜枚举。

三、商业训练和商业教育

从一位普通农民或小手工业者，成为有一定积蓄的商人，这中间是一个漫长的过程，既要懂得缝制西服的一整套工艺流程，又要摸索经营门道。诸如资金流转、资本积累、经营诀窍、商业道德等。因此，他们必须广泛获得商业知识，而取得此类知识的途径应是两个方面：第一个方面是传统的经商之道和过硬的基本功训练，例如从小就在江厦街历练，有的天天与秤手们在一起练习心算记账，一批批成筛的海货，边秤边报价，买卖双方互相信任，有的如账房先生，左手拨算盘右手记数字。经商，宁波人就是这样从小耳濡目染。第二个重要的方面是接受系统的教育培训。

为培育商业人才，使之后继有人，自清代光绪三十二年（1906年）起，宁波东城小学堂改办为甬东商业学堂。次年，城区君子营建立县二等商业学堂。1908年，鄞县创办求精乙种商业学堂。1910年开办务本商业学校。1911年，又办鄞县乙种商业学校。1917年后，全国实业教育统一改称职业教育。1919年，新办植智商业学校。次年8月，税关前董孝子庙内设务本商业学校。1922年7月，韧初初小改办为乙种商业学校。1934年，宁波商会办起商人补习学校。1938年，钱业工会办了鄞县商业补习学校。1939年，私立诚信商科职业补习学校开学。1942年，开设私立屠氏竞进商业学校，1944年，改为私立竞进商业补习学校。1947年3月，开办鄞县私立育群初级商业补习学校。次年9月，建立私立崇实商业职业学校。

1907年，镇海县创设初等商业学堂。1912年，镇海县城关设立乙种商业学校。1923年，余泗门镇建立诚意商业学校。1932年，镇海县又办起县立初级商科职业学校。

据《奉化市志》称："1919 年 6 月，县署和县商会合资建造县立乙种商业学校，次年 9 月招生。1921 年，校园北首开办百货商店，供学生实习。学制 3 年，学生多来自商界，毕业后各自谋生。董事会由王正延、何绍庭、王才运、孙清卫等 8 位奉籍名人组成。1926 年，公李女子职业学校成立。1937 年创办私立菁菁商业中学。"虽然这些学校办学时间不长，却为奉化开风气之先，从实用出发，培养了不少具有真才实用的商业人才。

除职业教育外，民国三年（1914 年），宁波将四明专门学校改为宁波公立甲种商业学校。1927 年 8 月，宁波市政府将宁属县立工业学校改为市立商业学校。1947 年，宁波城区沦陷，此校并入县临时联合中学，改设高级商科，迁至宁海。抗战胜利后，该校迁回城区，改称鄞县县立商业职业学校，分高商、初商班。

左手算盘右手笔，宁波莘莘学子从小苦练经商基本功，成长为一代又一代的商业人才。

宁波东枕东海，西负明山，是一座听了千年海潮的城市。这依山濒海的地理环境，使世代宁波人以宽阔的胸怀和非凡的气度、吞海吐江的气势，善于与风浪搏击，激发了一种置利害于度外，勇于往海上开拓阡陌，冒万险而一掷的品格，养成了刚毅坚忍的性情特点和冒险精神。因此，他们不满足于现状，敢于开拓进取，办大事、创大业。纵观红帮裁缝先辈们，当年能千里迢迢东渡扶桑，达海参崴，到东三省，需要的是胆识和勇气。这是他们所以能在哈尔滨、长春、苏州、天津、上海、汉口等地开设第一家或早期西服店，为中国服装史做出特殊贡献的一个重要原因。

29

实至名归的刘顺财

我是在黑龙江省哈尔滨市出生的人，祖籍是浙江省宁波市鄞州姜山镇走马塘村。在我 1950 年七月八日出生时母亲亡故。由于生母去世，我出生后便被送到奉化人刘顺财家中，靠刘家抚养长大。我本应姓陈，到了刘家便成了今天的称谓。由于在刘家长大，从小到大耳闻目睹了养父作为"红帮裁缝的一个成员"所做的一切，他是其中的佼佼者。

说起"红帮裁缝"的来历，我没有确切的历史考证。后来听生父、养父讲起他们的艰难生活、创业经历，就可以追溯到红帮裁缝的起源。我曾问过养父刘顺财，为什么十四岁就离开浙江跑到哈尔滨，他讲：家里穷，爷爷是个摇船夫。他小时候只读了四年私塾便给人家放牛。后来听乡邻讲去东北谋生容易，特别是哈尔滨，水陆交通发达，铁路也四通八达，还可以去苏联海参崴谋生计，因此，他在 1917 年便来到哈尔滨，在哈市道外一家张丰记裁缝店学徒。学徒很苦，师傅完全不教你，只是让你干杂活，如倒马桶、刷痰盂等伺候人的活，做衣服、裁衣服只能偷偷地学，站在师傅旁边看，记下来然后慢慢学，从锁扣眼儿、钉纽扣到熨衣服直至裁制衣服，由易入难，循序渐进。学徒期的苦难不堪回首。1918 年 16 岁时他随师傅去了苏联 Buoli（音伯力）也就是现在的俄罗斯，在那里的第二大城市哈巴罗夫斯克市开裁缝店做生意。结果到了那里，爆发了苏联的十月革命。他被要求参加苏联红军，编为中国团。他们一听，要去打仗，心惊胆战，就随师傅立即返回国内。这批人因年

华泰西服店（图片由刘天寿提供）

刘顺财（图片由刘天寿提供）

纪小，胆小害怕，什么都听师傅的。他们途经佳木斯回到了哈尔滨。一路上沿铁道有些学裁缝的随着师傅去了长春、天津、北京。还有一部分人去了大连，然后乘船回到了上海。历史上称这些从苏联回国的、曾经与苏联红军有过联系的裁缝们为红帮裁缝。至今北京专为国家领导人制衣的红都服装公司和上海的西蒙、杉杉服装大品牌均为红帮裁缝的后裔。

言归正传。我的养父刘顺财，1.6米的个子，不高。他回到哈尔滨是20世纪二三十年代。当时苏联在东北建设了中东铁路大动脉，使得哈尔滨的经济发展很快。第一次世界大战结束和俄罗斯十月革命爆发时，大批白俄人及欧洲各国的逃亡者，特别是犹太人涌进了这座城市。到20世纪三四十年代，哈尔滨一度被称为"东方莫斯科""东方小巴黎"。夏季，美丽的松花江碧波荡漾，人们可以在太阳岛上野餐、垂钓。主干道中央大街上灯红酒绿，啤酒、面包、格瓦斯、香肠香飘街巷。冬季，白雪铺地，不少有钱人身着狐狸围脖、兔毛头巾、貂绒大衣。棉裙衬着高筒皮靴的"妈哒姆"①和"纳哒莎"②，摩肩接踵地疾行在繁华的大街上。也就是在这样的环境下，养父刘顺财在毗邻中央大街的西十道街十六号开设了华泰西服店。华泰西服店主要承接男士西装、中山装和男式大衣的制作。在战火纷飞的年代里，华泰西服店曾为东北民主联军办事处的领导人，如林彪、罗荣桓、陈云等做过大衣。

1961年，养父亲手制的棉大衣在北京服装展览会喜获一等奖。当时他的店早已在公私合营时改为哈尔滨市虹光服装厂。这样他也理所当然地为虹光服装厂及哈尔滨服装行业赢得了荣誉。

一次，一位犹太人医生，在中央大街开了一个诊所。他1953年要去加拿大时，想做一件大衣，但是走了几家服装店都被婉拒。我养父却接待了他。这位犹太人背驼了以后，身高不足1.6米，身体还微胖。按惯例，西服上身后下摆要前后平齐。但他的特殊体型怎么办呢？养父的徒弟施建明问这样的身材如何裁剪？（注：施建明从1956年后被聘为哈尔滨北方大厦裁剪技师，专为省直机关领导制衣。）养父说，裁这种衣服，胆子要大，要敢于下剪刀。他说，先剪后身幅面，在驼峰处用手拽一把，将布料用左手抓起一定高度，右手持粉笔按原尺寸划下去，剪成衣料，但摊开看很不成样子。前胸面料也呈抛物线形状裁剪。这样特事特办。把衣服做成毛壳利，又经过光壳缝制，让顾客接连试了三次镜样，没想到，他穿在身上十分舒适合体。顾客兴奋不已，连声致谢！他还扎上蓝领带恭恭敬敬拍了照。如果说好医生是理论加临床锻炼出来的，那么好裁缝也是要在实践经验之上大胆创新，才敢于落剪；凭过硬

---

① 指俄罗斯的老太太。
② 指俄罗斯的年轻姑娘。

的技术，深入考量，才能从容不迫，解决危难。1956年，全国开展增产节约运动，我养父在裁剪青年服和中山装时，想方设法，在四个兜里的衬布延伸部位动脑筋做文章，让面料在兜口延伸处缩短一寸。别小看这一寸，每次工厂化作业用电剪刀裁剪布匹，一刀下去就是五十层布，一寸一寸，积少成多，为国家节约了大量布料。因此，在1957年我养父被授予劳动模范称号。

我养父从公私合营后的岗位评级就定为最高级——八级，且全票通过！说起红帮裁缝技艺高超，理论知识是一方面，量体裁衣更是关键。养父常讲：对于肩宽的人、虎背熊腰的人、身材魁梧的人，在裁剪时，一是看好尺寸，二是某个部位可能要多放出两分才能下剪刀。人们都认为上衣比裤子难做。其实，裤子比上衣难做，而且男裤比女裤难做。男女裤量尺寸就有不同，男裤可量下裆，女裤不可量下裆，按理论百分之三十划剪。记得有一位邻居，是山东大汉，身高1.78米，体重100公斤。临近春节，拿来一块进口人字呢面料要做裤子，说是问了几家店均未收活。该人裤长3.1尺，腰围竟有3.6尺，而面辅料只有2.2尺，你说这裤子怎么做？人字呢做裤子还要拼配条纹才好看。可我养父通过横裆打双叉的方法解决了难题。客人在裤子试穿时站立、下蹲自如。这位山东大汉连连称谢，说是从来没穿过这么舒适的裤子。后来我细心观察养父在熨烫裤子时，经常在横裆和臀部处拉伸（这就是归拔工艺），他说这样做出来的裤子起身、下蹲都很舒服。有一年快要过年了，邻居家有两位小姑娘，妈妈买来一块红黄相间的方格灯芯绒布，要给两个孩子做身衣裤。可是临近年关，裁缝店很忙都不收活了。她不好意思，求助我这位年近七旬的养父。到了腊月二十八，养父不但为她们裁剪好布料，并且按方格顺序漂亮地排列后缝制好了。邻居为了表示谢意，特地送了一个蛋糕。从这件事情上可以看出我的养父不但裁缝手艺高超，人也善良，他常设身处地为客人着想，总是助人为乐！由于他人品好，技术好，年年都被评为厂和服装公司、哈尔滨市第二轻工业局的技术能手和先进工作者。

30

新红帮裁缝传人群像

奉化服装业超常规的发展，离不开老红帮裁缝的传帮带，更离不开与时俱进、开拓创新、勤奋敬业，诚信重诺的红帮精神的激励。

一

红帮技艺，薪火相传。一批有志于服装事业的新红帮裁缝传人，刻苦学习，在实践中成长，涌现出许多佼佼者。

• 蒋楠钊

蒋楠钊，奉化江口人，1947 年出生。1963 年 11 月，16 岁的蒋楠钊进村里手工联社办的服装社，拜王金定师傅学艺。三年中他手脚勤快，善思善悟。成长很快。

1974 年，蒋楠钊 28 岁，血气方刚，到城关大桥县轻工业局隶属的奉化县服装厂，缝制以涤卡、毛料为面料的服装，试图用手艺改变命运。为了批量承接海员西服制作订单，厂部从上海请来两位服装技师指导。蒋楠钊事事处处留心他们的技术要领，两位技师终于从不肯传教到慷慨说教，手把手指导剪裁、熨烫中的技术精髓。1983 年，蒋楠钊到奉化四季服装厂，当上了技术科长。两年后他又到了如日中天的宁波迷霞服装厂。该厂有 300 多个工人，主要缝制西装和大衣。蒋楠钊负责制作样板。凭着由日积月累的实践经验奠定的基础，他丝毫不敢马虎，不敢有一点闪失。从此，他与打样结下了不解之缘，入行50多年，基本上一天打一个样版，为机械化、流水线作业的服装厂赢得一笔笔可观的经济效益。1984年前后，他到上海、江苏、广东等地工作。常常以过硬的本领，为特殊体型的顾客制作他们称心如意的服装。40岁时，他应北京一家公司特聘，远渡重洋，去非洲摩洛哥指导工作，在异国他乡传授红帮技艺。

• 金达迎

金达迎，1980年2月出生。祖父金德钦12岁开始学艺，是上海有名的高级技师。父亲金兴君，子承父业，14岁入行，1981年创办慈林服装厂，出品的西服荣获国家商业部部优产品称号。金达迎1996年初中毕业，随父学艺，开启了他的裁缝生涯。2003起在深圳、广州、上海等地高级定制门店从事服装制作设计。2009年，金达迎满怀信心，在杭州开设高级西服定制店，以对量身定制的不懈追求，不断扩大影响，客户中不仅有杭州本地人，还有慕名登门的外乡人，甚至还有远道而来的英国人不断来访。

2011年，英国服装设计师Steven偶然路过金达迎在杭州文二路上的门店，一瞬间被陈列的衣服吸引，停住了脚步。他上下左右反复观察，喜出望外，走进店堂与金达迎攀谈起来，滔滔不绝之中，双方一拍即合，决定成立一个联合工作室。从此以后，金达迎通过Steven解读英国西装的整体修身、讲究细节、追求镶拼等特点，在洋为中用中不断改进自己的设计理念。2013年，金达迎与弟弟共同创办了2家门店，并在外地与人合作了12家门店，把宁波的裁缝技艺推向全国。

2010年起，金达迎先后在浙江大学、浙江纺织服装职业技术学院、杭州职业技术学院开讲授课，还被浙江传媒学院继续教育学院聘为客座教授。2021年，他被浙江省文化和旅游厅评为"浙江省非物质文化遗产名录红帮裁缝技艺项目代表性传承人"。

• 王永华

奉化区江口街道王溆浦村被赞誉为"上海西服业的摇篮"。从 20 世纪初起，村中以王才运父子为首，不失时机，涉足上海滩，艰苦创业。崛起的号称南京路上的"南六户"，是红极一时的西服名店、金字招牌，被载入史册。

王永华是王才运的同族至亲，1941 年 5 月出生。新中国成立之初，他凭着这一层关系，在 1955 年起的三年里，王永华到王才运创始的荣昌祥呢绒西服店学习。后来由于国内西服市场不景气，荣昌祥生意清淡，他只得回家在田间做了近二十年。

1986 年，改革开放春风浩荡，王溆浦村创办了汇利、荣昌祥两家服装厂。他被村干部选中，到服装厂指导技术兼跑供销。1992 年，他鼓起勇气，接手村办服装厂并改名汇丰。他一人身兼三职——厂长、技术科长、供销科长。通过几年拼搏，他当机立断，征求了王才运后代的同意，重新注册了"荣昌祥"商标，让老字号在改革开放的时代重生。王永华满腔热情地在工厂里开设荣昌祥历史陈列室，介绍老一辈的创业史、发展史和爱国爱乡业绩。以后他又慷慨帮助宁波创建服装博物馆，充盈宁波红帮裁缝名店、名师、名品的展品，支撑服装博物馆的基本陈列。

2012 年，王永华把荣昌祥交给儿子王朝阳，积极转型升级。同时，该公司成立高级定制团队，建立红帮裁缝技艺传承基地，以梯队结构，传帮带有志青年员工，让红帮精神代代相传。

• 盛军飞

盛军飞，1957 年出生，奉化江口人。1976 年高中毕业后，进入大队服装加工厂学习，打下了缝纫基础。

后来她到罗蒙公司工作，在众多师傅指导下，奋发进取。1991 年她到中国纺织大学高级时装设计专业进修后，出任罗蒙集团质量监督中心主任。她严把产品质量关，在服装的平、挺、圆、顺诸方面，由表入里，解剖分析，举一反三。在全面把控质量的同时，她又兼任技术指导，理论联系实际，带出一批又一批熟练工人，其中也培养了一批技术骨干，如马国飞、竺海燕、周阿毛等成为车间主任、生产组长。2000 年，盛军飞获宁波市质量管理先进个人荣誉称号。

• 王小方

"80 后"的王小方，溪口人，1997 年中学毕业后，即 16 岁起学习西服制作技艺，2005 年至 2008 年师从上海服装研究所、红帮服装科技研发人戴永甫的门生吴经熊。几年里，王小方勤奋拜师学艺，又善于带着问题钻研，举一反三，往往白天与吴经熊形影不离，多看多问，晚上实践操作。如此，夜以继日，如饥似渴，他深得吴经熊的好评，共同立下了潜心服装业的志向。2008 年至 2014 年，王小方在几个服装厂任设计总监，如宁波桑泰制衣有限公司、宁波圣亚罗服饰有限公司、宁波铭尚服饰有限公司。在那里，他又运用吴经熊的理论知识，指导企业生产。

为了让在上海滩成名的红帮名店王兴昌发扬光大，2012 年 3 月，他注册了"王兴昌"品牌，在溪口开设了王兴昌洋服店，让老字号在新时代重焕生机。他又设立了奉化马鑫服装有限公司，这样店与公司并驾齐驱，以一种对红帮信仰的力量，实现知识、技能和素质能力的转化。

王小方在制衣过程中，与时代同行。除一丝不苟完成一套纯手工西装的 130 多道工序，又运用 CAD 制版技术，引进高科技视频选款方式，直观、形象、精准服务，努力适应年轻人对西服的多样性需求，不断满足经济社会发展需要，既凸显自身价值，又实现自身发展。

• 郑爱皇

郑爱皇，1989 年初中毕业后随父郑阿茂学艺。而郑阿茂师从余元芳的徒弟孙常林，在上海春秋服装社做主师。在岁月的历练下，郑爱皇在红帮服装的氛围里成长。1995 年，他接过父亲的春秋服装培训班，分高、中、低三个层面传授服装的平面和立体设计，灌输量身定制的知识。2000 年起，郑爱皇先后在爱伊美服饰公司和沃顺服饰厂任技术部主管和技术科长，挑起了大梁。又在杭州著名的高定企业恒龙服饰任技术部主任。2013 年，他应邀到金点子服饰公司担任技术科长。

重任在肩，他不断推陈出新，取得一些的成绩。

2013 年 12 月，在杭州举行的浙江省企业岗位大练兵、大比武中，获得了团队第一的优异成绩，本人获省服装十佳制版师称号。2015 年，他回到家乡创办爱皇红帮服装设计室和爱皇红帮定制服装研修班。同时，坚持带徒授艺，谆谆教导，师徒并肩，在自己选择的道路上昂首阔步前进。现在他的多名学徒都自立门户，绽放光彩。虽然这些学徒分布他乡，但碰到"疑难杂症"时，常常在网上寻求郑爱皇的指导。

2020 年，被宁波市总工会批准设立"劳模工匠创新工作室"。2021 年，郑爱皇荣获"浙江工匠"荣誉。

• 俞武军

俞武军出生于 1970 年。1987 年，17 岁的俞武军拜入蒋楠钊门下，从此，皮尺、剪刀、熨斗，几乎成为俞武军生活的全部。从缝布头、钉纽扣做起，到热水捞针、牛皮拔针，经过 5 年的刻苦训练，他获得了在速度和力度上收放自如的手感。

2010 年，俞武军在奉化市长岭路上开了一家弥勒洋装行，走定制西服路线。凭着一身手艺，俞武军的名气渐渐打开。如今，俞武军的手艺已得到十里八乡的肯定，常有宁海、象山、三门等地的顾客找上门来定制西服。"也许又到了手工西服重焕光彩的时代了。"俞武军有这样的判断。每年他的工作室要出品百余套定制西服。"缝制西服的过程，似乎在创造一件有生命力的艺术品。"精细制作每一件西服，是俞武军对于传统技艺的态度。现在他最大的心愿是能找到一个和他一样热爱这一行的徒弟，把红帮裁缝的技艺和故事传承下去。

• 沈水飞

沈水飞生于 1961 年，高中毕业后的 1979 年开始从事服装业。1984 年她以优异成绩被罗蒙录取，受到董龙清、陆成法、余元芳等大师的喜欢，累获红帮技艺。1991 年，她被罗蒙送到中国纺织大学高级时装设计专业进修。1992 年她又到日本三泰株式会社学习。不久，她在罗蒙中日三泰、三洋、三轮服饰负责生产技术。在这期间，她热情传帮带，培训了一批又一批的岗位人才。1994 年 4 月，罗蒙西服荣获"中国十大名牌西服"桂冠，其中有她和她的团体的贡献。2019 年 4 月，中宣部"壮丽 70 年 奋进新时代"大型主题采访活动专访了她。《光明日报》《浙江日报》报道了她的优秀事迹。不久，她又接受了《工人日报》和央视一套的采访报道。

40 多年来，她专心致志，曾任罗蒙集团高级技术总监，带出徒弟 1700 多人，分布在上海、深圳、宁波等地，让红帮裁缝千锤百炼的独特技艺广泛传播。

• 邬品贤

邬品贤，1972 年出生，奉化西坞村人，15 岁赴沪，在培罗蒙学艺。1990 年，他南下深圳，在师叔的高端西服定制店学习，努力汲取港澳一带的服装时尚。整整十年，他与国际前沿流行接轨。有了足够的底气与过硬的本领后，他回到宁波。从 2000 年起，他先后在培罗成集团、杉杉集团担任技术总监。2004 年，他在赴温州的三年中，对制版技术和流水线操作、成衣工艺，有了理性和感性认识，开阔了视野。2005 年，他获得服装高级技师证书。2008 年，他与师弟合作，到北京王府井大街开设罗笔定制店，为体育明星、名模等制装。2010 年，他出任宁波银蝶服饰有限公司技术总监。他凭着自己曾经管理服装生产流水线和高端定制的技术，将精细的手工工艺与现代化、批量化服装制作科学结合，从制版到整烫，道道工序严格把关，同时，为企业培养了一批技术骨干。2021年9月，邬品贤成为奉化区红帮裁缝技艺代表性传承人。

•胡建玉

胡建玉，1970年出生，奉化尚田人，1986年初中毕业，自带缝纫机到江口，拜红帮传人王彩凤为师。而王彩凤则是老红帮孙常林的门徒。1995年胡建玉满师，经过考核选拔，受聘于宁波伊宁服饰有限公司，担任了五年生产厂长，1999年，被评为企业优秀领导人。后来，他自营组建宁波赫莱服饰有限公司，成为董事长兼总经理。2020年，他在宁波市服装企业考评中，进入优秀企业序列。2021年3月，胡建玉开设"乡见古月"民宿，在空间装潢中，凸显红帮元素，设置特色T台，举办各种服装新款发布会，让游客感受红帮服饰的魅力。2021年9月，胡建玉成为奉化区红帮裁缝技艺代表性传承人。

二

奉化区域以外，在宁波市中心区，也有三家奉化籍的红帮裁缝后人开设的店堂、成立的公司，从他们初创的时间和其辐射影响来看，同样可圈可点。

•袁伟浪

袁伟浪，奉化区棠云乡袁家岙村人，生于1967年1月8日，小学读书时，跟着母亲学裁缝到初中毕业。母子俩东奔西走，带着缝纫工具，上门服务。在他十七八岁时，适逢改革开放引发的西装热。其父袁雅通利用自家三间楼房，开办了骏马西服厂。这家家庭厂聘用了一位祖籍奉化的上海红帮裁缝师傅蒋官升（上海电影制片厂服装设计师）。作为蒋官升的关门弟子，经过六七年的勤学苦练，19岁时袁伟浪就与母亲在奉化县大桥镇开设阿浪服装店，来料加工，缝制西服。过了两年，袁伟浪总觉得不过瘾，思忖要到上海去闯一闯。他通过在沪的二伯父指点，在南市区人民路上的小东门租用街面房，以奋发有为的精神状态，开了一家服装店，人称"小宁波"。

1997年7月，袁伟浪成亲，定居宁波。他在市区西河街找到一间半店面，开设了梵梵洋服店。他还在台州、温州、上虞开了分店。2007年夏，袁伟浪在宁波江东北路东港喜来登中心开设了香港佰年隆华裁缝会所。

2005年10月，他赴天津参加第二届意大利中国（天津）"格拉格里奥·卢兹"奖男手缝西装设计制作大赛。实打实获得了意大利世界服装设计师颁发的证书。

在他40多年来的服装生涯中，他不断受到宁波乃至外地市民的热捧，已在宁波、浙江报刊、电视台和中央主流新闻媒体上频频亮相。2021年2月，袁伟浪出任宁波市海曙区民营企业协会红帮裁缝服装分会副会长。

• 王玉柱

宁波江东北路上，有一家郡狮服装定制店，四上四下的临街建筑，店堂和工场一体。主理人王玉柱，1998年毕业于中国美术学院，1999年在宁波一家广告公司任设计师。2001年至2004年，自己创设品牌策划公司。

2004年年底，王玉柱尊重长辈们的意见，续王氏家族传统行业，在裁缝这一行中，从零起步。

2005年，王玉柱赴沪，接受红帮裁缝店堂经营和制衣的全面培训，长辈倾心传授，还交给了家传的18句服装口诀。2005年，王玉柱先在宁波孝闻街开设红衣坊门店。2007年，他又在中山东路天一广场的天一豪景开设郡狮门店。2008年1月，创立于1863年的英国HARRISONS的面料，首先与郡狮合作，进入中国市场。2011年2月21日，江东北路郡狮开张。郡狮五年三迁，可谓五年三大步，一步胜一步。

郡狮成功的奥妙是坚守红帮裁缝的传统，并升级红帮裁缝手工定制的"四功""九势""16字标准"，坚守经典，细致入微，精准服务，赢得了市场的认可和社会信任。王玉柱还充分运用自己的美术造型基本功，根据客人的职业、肤色、形体等相关信息，独创了"五字、三步"色彩搭配系统，为客人推荐入时的、适体的面料和服装款式，让顾客享受富含艺术元素的衣服。因

作者（左一）与部分传承人座谈

此，北京、上海、香港等各地一些政界、商界的要员、商务精英和即将步入婚姻殿堂的准新郎们，美国、新加坡、英国、日本等国家的人，都成了他的忠实客户。

正可谓小剪刀裁出大事业，小宁波迎来大客人。

• 戚柏军

在宁波日湖边的广场上，时尚、新颖的店铺林立，其中有一家胤一服装店，一派老上海呢绒西服店的陈设，豪华精致。主人戚柏军，高个子，一表人才，温文尔雅，他是红帮裁缝第六代传人江继明的得意门生，原是浙江纺织服装职业技术学院教师。2008年10月，江继明把创办多年的洋服店交给他经营，希望自己的得意门生继承红帮事业。2012年8月，戚柏军创办胤一红帮贸易有限公司，创立了自己的定制胤一品牌。公司秉承红帮裁缝理念，适应时代新潮，洞察国内外服装市场变化，以前卫、时尚、专业的设计理念和性能舒适的材料，凭着精湛的工艺技术，精心打造每一件产品，其目标是将胤一推向全国，走向世界。公司拥有自己的手工工厂和一流的研发中心、生产基地，具有技术领先、服务领先、品质领先和成本的优势。公司拥有技师 70 余人，以手工定制为主，涵盖西服、衬衫、大衣、夹克、领带、领结、皮鞋、皮毛等品类。

戚柏军把培养合格的接班人作为他的使命。他一改传统，招收有文化、想作为的年轻人作为学徒。在他的工作室里，有 60% 的学员都是"90 后"。戚柏军已经带出了十几名艺徒。他打磨徒弟们的心智、提升他们的综合能力。

胤一总部在宁波市内有江北店，还有鄞州店、余姚店等，另设有北京、杭州、温州、上海、成都、广州等体验店。对服装的精致追求，成为戚柏军的人生奋斗方向。